TRAITEMENT

DES

PSYCHONÉVROSES

PAR LA RÉÉDUCATION

DU CONTROLE CÉRÉBRAL

TRAITEMENT

DES

PSYCHONÉVROSES

PAR LA RÉÉDUCATION

DU CONTROLE CÉRÉBRAL

PAR

Le Dr Roger VITTOZ

PARIS

LIBRAIRIE J.-B. BAILLIÈRE ET FILS

19, RUE HAUTEFEUILLE, 19

—

1911

TRAITEMENT DES PSYCHONÉVROSES

PAR LA

RÉÉDUCATION DU CONTROLE CÉRÉBRAL

INTRODUCTION

—

Les ouvrages parus dans ce genre ces dernières années sont déjà fort nombreux et si j'ajoute à mon tour une modeste pierre à cet édifice, c'est beaucoup pour répondre au désir de mes malades ; aussi, pour développer un point de vue plus personnel au sujet du traitement, puis pour éclaircir la cause de ces maladies nerveuses qu'on appelle neurasthénie, psychonévroses ou psychasténie.

C'est donc surtout au malade que je m'a-

dresse, c'est pourquoi je chercherai à simpli-
fier autant que possible tout ce qui serait trop
abstrait dans cette étude. Mon but principal
est de lui montrer, autant que je le pourrai,
pourquoi il est malade et comment il peut se
guérir.

Cette méthode de dressage (si je puis m'ex-
primer ainsi) a pour base ce fait certain
que tout état psychasténique est dû à un fonctionnement défectueux du cerveau, que c'est
là, nulle part ailleurs que nous devons chercher le remède.

Ce fonctionnement imparfait à quoi est-il
dû? Qu'est-il en réalité? Comment peut-on le
modifier? Voilà ce que nous chercherons.

Le titre que nous avons donné à ce traité
nous indique déjà ce dont il s'agit, c'est en étu-
diant ce qu'est le contrôle cérébral chez ces
malades, que nous verrons sa défectuosité.

C'est dans l'insuffisance du contrôle cérébral
que pour nous se trouve la cause psychologique de ces maladies, c'est aussi de l'insuffisance
que nous en déduirons le traitement, sa forme,
sa raison d'être.

Nous reconnaissons que certains faits constatés mériteraient souvent de plus amples
explications, mais nous rappelons au lecteur
que c'est l'exposé, aussi concret que possible,
de ce que nous faisons.

Quant aux résultats obtenus nous en appelons aux malades déjà traités, et pour mes
confrères à l'essai patient et sincère de ce que
je fais.

Si les malades, c'est-à-dire tous ceux qui souffrent de ce que je nomme un contrôle insuffisant, peuvent, dans ce simple exposé, trouver
une voie, une indication, à leur guérison ou
seulement déjà un espoir, j'aurai rempli le but
que je me propose.

LE CONTROLE CÉRÉBRAL

DUALITÉ DU CERVEAU

Avant d'aborder l'étude du contrôle cérébral, il est de toute importance de se rendre compte comment fonctionne le cerveau au point de vue de la perception, de l'élaboration des idées, des sensations, des actes.

Parmi les nombreuses théories modernes, cherchons la plus simple, celle qui admet l'existence de deux centres différents de fonctionnement, nommés cerveau conscient ou objectif, et cerveau inconscient ou subjectif.

Nous emploierons le premier terme tout en reconnaissant que l'un ou l'autre ne donne pas une définition parfaite. Le fait posé de l'existence de deux cerveaux, nous admettrons que le cerveau inconscient est d'une façon générale la genèse des idées, des sensations et que le cerveau conscient fait en quelque sorte « la mise au point »; c'est-à-dire que c'est du cerveau conscient que dépendent la raison, le jugement et la volonté.

Il nous suffit d'admettre cette dualité, pour pouvoir comprendre ce que nous appelons le contrôle cérébral.

Cette dualité est peu perceptible chez l'homme normal, puisque l'idée ou la sensation perçue est la résultante du travail des deux cerveaux; il ne se rend donc pas compte du travail particulier à chaque cerveau.

Dans toute une classe de maladies nerveuses cette dualité s'accentue au moins de fait et généralement le malade la perçoit plus ou moins.

On a voulu mettre le siège de certaines psychonévroses dans le cerveau inconscient; ce qui me paraît le plus vraisemblable, c'est qu'il faut en chercher l'origine plutôt dans le défaut d'équilibre et de connexité des deux cerveaux; c'est par ce trait d'union que l'homme est normal, ce serait au contraire par la séparation plus ou moins accentuée du cerveau conscient et inconscient qu'il serait plus ou moins malade.

Il paraîtrait à première vue que l'équilibre parfait dépendrait du fait que le cerveau inconscient

1.

et le cerveau conscient seraient de force et d'intensité égales ; en réalité, cela n'a pas d'importance capitale.

Un individu parfaitement équilibré peut avoir une prépondérance de l'un ou l'autre cerveau. Chez les nerveux en particulier, l'on observe souvent un développement plus accentué du cerveau inconscient sans qu'il soit de ce fait là un malade, il lui suffit d'être suffisamment contrôlé.

DÉFINITION DU CONTROLE CÉRÉBRAL

Nous définirons le contrôle cérébral comme une faculté inhérente à l'homme normal destinée à équilibrer le cerveau inconscient et le cerveau conscient. Nous entendons par équilibre cérébral normal lorsque chaque idée, impression ou sensation, peut être contrôlée par la raison, le jugement, la volonté, c'est-à-dire qu'elle peut être jugée, modifiée, ou écartée.

Cette faculté est en partie inconsciente chez l'homme normal, il a bien la sensation du contrôle, mais son mécanisme lui échappe totalement, le malade en a une perception plus précise, il sent qu'il lui manque quelque chose et « ce quelque chose » est le contrôle cérébral.

Cette faculté de contrôle aurait donc pour mission de mettre « au point » chaque idée, chaque sensation. Elle agirait dans certains cas aussi comme frein, comme régulateur des fonctions psychologiques et même (comme nous le verrons plus tard) physiologiques du cerveau ; son action s'étend aussi bien aux actes qu'aux idées. Chez l'homme normal le contrôle est automatique, c'est-à-dire qu'il intervient de lui-même et sans l'effort de la volonté, en plus il se développe progressivement avec l'âge et l'éducation. On peut donc dire qu'il est habituel, naturel à l'homme équilibré.

Cette faculté domine toute la vie de l'individu et l'on peut constater déjà que tout être non contrôlé est un malade ; nous n'entendons pas naturellement les cas où le contrôle n'est pas utilisé momentanément, comme par exemple dans un accès de colère.

Nous venons de définir ce que doit être le contrôle, voyons maintenant ce que sera l'absence de contrôle considérée au même point de vue.

Absence de contrôle. — Il est facile de supposer ce que peut être un malade sans cette faculté régulatrice. Son cerveau sans frein, sans direction, serait en pleine anarchie. Livré à toutes les impulsions, soumis à toutes ses phobies, ne pouvant ni raisonner, ni juger une idée, devant accepter toutes les impressions de son cerveau inconscient, le malade dans ce cas n'est plus qu'une misérable loque, qui vit pour souffrir.

L'abolition complète n'est qu'un cas extrême que l'on ne rencontre pas habituellement dans les maladies qui nous occupent ; ce que nous trouvons le plus habituellement dans les psychonévroses est l'insuffisance ou l'instabilité du contrôle.

Insuffisance ou instabilité du contrôle. — Dans l'insuffisance, le contrôle existe en tant que faculté mais, soit qu'elle n'ait pas encore acquis son développement complet ou qu'elle présente certaines défectuosités, son action n'est pas suffisante. Nous voyons dans ce cas qu'une partie des idées ou des impressions ne passent pas au crible du cerveau conscient.

Il jugera, raisonnera d'une façon normale et malgré cela restera sous la domination d'idées ou d'impressions qu'il trouve absurdes ou exagérées et sur lesquelles sa volonté n'a aucune action, c'est là le type du psychasthénique à l'état habituel.

Dans le contrôle instable, les phénomènes sont au fond les mêmes ; de fait le malade passe continuellement d'un état normal à l'état maladif, et cela sans raisons plausibles. Les symptômes apparaissent ou disparaissent à intervalles plus ou moins rapprochés ; une crise de dépression succède à un accès de gaîté, tout est sujet à varier, que ce soit la santé, le caractère ou les idées.

Entre l'absence et l'insuffisance se trouve une variété infinie de degrés donnant à chaque cas un caractère particulier.

Ces différences présentent un intérêt pour le diagnostic et le pronostic de la maladie, mais il serait bien inutile de toutes les décrire, car pratiquement il suffit de reconnaître si le contrôle est suffisant ou s'il est insuffisant.

ACTION DU CONTROLE INSUFFISANT
SUR LES IDÉES, LES SENSATIONS, LES ACTES

Cherchons maintenant quelle action peut avoir ce contrôle insuffisant sur les idées, les sensations ou les actes.

Pour cela voyons ce que doit forcément produire dans le cerveau de l'individu le mélange d'idées de sensations contrôlées et non contrôlées.

Il est de toute évidence que même si l'insuffisance est peu accentuée le malade ressentira un vague malaise par la sensation qu'une partie de ses idées lui échappent ou qu'il ne peut suffisamment les définir. Souvent aussi le sentiment de n'être qu'à moitié éveillé dans une sorte de demi-rêve dont il ne peut sortir, le trouble, l'angoisse même.

Si l'insuffisance est plus forte, les symptômes augmentent en proportions : ce n'est plus un vague malaise, mais un sentiment très pénible de confusion, de tourbillons d'idées sans suite, sans direction.

L'idée non contrôlée sera donc toujours moins définie, moins précise, abandonnée à elle-même, elle peut se répéter indéfiniment ou se fixer pour ainsi dire dans le cerveau sans que la volonté ait aucune prise sur elle.

Dans d'autres cas elle subit de véritables déformations, comme elle s'exagère, se modifie ou se transforme sans que le malade en soit conscient.

Manque de précision, de netteté, exagération ou déformation de l'idée, tels sont les principaux effets de l'insuffisance de contrôle.

Quant aux sensations nous retrouvons les mêmes phénomènes ; elles sont rarement nettes, très souvent bizarres avec une tendance à se grossir démesurément.

Les actes participent aux mêmes défauts. Ils seront donc indécis, rarement pondérés et toujours en partie inconscients. L'idée de l'acte étant trop confuse, le malade oublie ce qu'il veut faire ou ne peut achever ce qu'il a commencé.

Tous ces effets de contrôle insuffisant sur les idées, les sensations et les actes sont assez peu clairement perçus par le patient, qui les accepte sans se rendre compte qu'ils sont cependant le point de départ des symptômes les plus pénibles de sa maladie.

Nous ne faisons ici que de les signaler brièvement, malgré leur importance, car, dans le courant de cette étude, nous les retrouvons à chaque pas.

INFLUENCE DU CONTROLE INSUFFISANT
SUR SES ORGANES

Nous avons dit plus haut que le contrôle cérébral dominait la vie psychologique et même physiologique de l'homme.

Cette dernière affirmation nous est démontrée par tous les troubles organiques dont souffrent les neurasthéniques.

Il est tout naturel d'admettre que l'équilibre organique et l'équilibre cérébral ne font qu'un, ou qu'ils sont en tout cas en relations très étroites.

Il est tout aussi certain qu'il existe un contrôle des organes, destiné à assurer leur fonctionnement régulier, tout aussi bien qu'un contrôle cérébral, que tous deux sont soumis aux mêmes lois, régis par les mêmes causes et qu'ils produisent les mêmes effets, dans leurs domaines respectifs.

Toute défectuosité dans le contrôle cérébral aura donc sa répercussion forcée dans le domaine organique, parfois même le symptôme organique devient le phénomène essentiel de la maladie, et les phénomènes psychiques passent au second plan.

Dans ce cas cette insuffisance se porte plus spécialement sur un organe, par exemple sur l'estomac ou l'intestin (dyspepsie nerveuse, entérite), ou sur un système : système vasculaire, nerveux, musculaire.

Les deux premiers sont dans tous les cas plus ou moins affectés, les troubles vaso-moteurs et les douleurs se retrouvent dans chaque cas de psychasthénie.

Les organes des sens y participent également, les troubles de l'ouïe, les troubles oculaires sont des plus fréquents.

L'appareil génital est également souvent le siège des symptômes très tenaces.

Dès qu'un organe est plus spécialement modifié par l'insuffisance de contrôle, les symptômes purement psychiques paraissent s'atténuer, le malade rapportant tous ces troubles à l'organe atteint. En réalité cette atténuation est illusoire, car ils ne sont que masqués, et ils réapparaissent avec la même intensité dès qu'il se produit une amélioration des troubles organiques.

LE CONTROLE CÉRÉBRAL DANS LES PSYCHO-NÉVROSES.

Nous avons déterminé ce que nous entendions par contrôle cérébral, ses défectuosités et le résultat produit par son insuffisance.

Nous allons donc appliquer ces données au traitement des psychonévroses.

Si nous réservons son application d'une façon plus particulière à cette classe de malades, c'est qu'elle nous paraît le type d'une maladie de contrôle, puisqu'elle se prête mieux que toute autre à une rééducation.

Nous pouvons admettre en effet que chez le psychasthénique le cerveau conscient et inconscient sont normaux sans altérations organiques, conditions indispensables pour une rééducation un peu complète.

Dans toutes les vésanies et les maladies purement mentales il y a plus qu'une absence ou qu'une insuffisance de contrôle. Dans l'hystérie qui, certes, présente aussi de notables modifications dans le même sens nous ne saurions dire qu'elle est uniquement une maladie de contrôle. Sa nature est si complexe qu'il est difficile d'admettre comme cause absolue de cette maladie seulement une instabilité de l'équilibre cérébral.

Dans la psychasthénie, au contraire, l'observateur le moins prévenu peut reconnaître à chaque pas, à chaque symptôme, le fait certain d'une insuffisance et il serait difficile de méconnaître cette vérité « que tout psychasthénique est un incontrôlé ».

Cette conclusion peut paraître hâtive, mais nous allons chercher à la prouver par l'analyse des symptômes psychiques que l'on trouve dans toute psychonévrose.

LES PSYCHONÉVROSES

Nous ne pouvons, ni ne chercherons ici, à donner une description détaillée des formes, des symptômes des psychonévroses, cela nous entraînerait trop et dépasserait le but que nous nous proposons. Ce que nous voulons surtout c'est l'étudier au point de vue du contrôle cérébral rechercher dans son étiologie, dans sa marche, dans ses symptômes, ce qui s'y rapporte et ce qu'on peut expliquer par une insuffisance de contrôle.

Causes étiologiques.

Nous les diviserons en :

1o Causes primaires ;

2o Causes secondaires.

Causes primaires. — Nous citerons en premier lieu l'hérédité, car nous trouvons toujours pour ainsi dire dans les ascendants de nos malades les mêmes troubles ou des symptômes de nervosité plus ou moins prononcés.

Notons que cette hérédité nerveuse crée surtout le terrain propre au développement de la maladie, plutôt que la maladie elle-même.

Au point de vue du contrôle cérébral, remarquons qu'elle agit, soit en empêchant le développement progressif de la faculté de contrôle qui se fait tout naturellement à partir d'un certain âge, soit en lui donnant une certaine instabilité.

Toutes les intoxications agissent de la même façon en diminuant le contrôle.

Dans les causes secondaires, le plus important est le choc moral qui suspend brusquement le contrôle cérébral, puis toutes les causes qui l'usent à la longue : les chagrins, les longs soucis, le travail exagéré. Notons aussi les traumatismes, chirurgicaux et autres.

Formes des Psychonévroses.

On peut les diviser en :

1º Forme essentielle ;

2º Forme accidentelle.

On pourrait ajouter aussi une forme périodique ou intermittente bien caractérisée.

Forme essentielle. — Cette forme débuterait

dès le jeune âge et aurait une marche progressive, parfois avec de légères rémisions, pour arriver à une période d'état généralement à l'âge adulte.

Le début, insidieux ou plus lent, la marche progressive, le pronostic mauvais en sont la caractéristique.

Forme accidentelle. — Ici le début est brusque, soudain le malade passe de l'apparence d'une santé parfaite à une prostration complète parfois en une seule nuit, sinon dans un laps de temps très court.

Il n'y a pas de marche progressive ; souvent les symptômes les plus intenses s'établissent d'emblée.

Cette forme est le plus souvent la conséquence d'un choc moral ou traumatique, ce qui donne un début très brusque. Si elle est causée par un travail exagéré, le début est un peu plus lent.

Le pronostic en est meilleur.

Forme intermittente ou périodique. — Nous ajoutons cette troisième forme, car elle se présente d'une façon assez typique.

Le début est assez rapide ; sans cause apparente, le malade arrive en quelques semaines à une période d'état paraissant très grave et qui dure des semai-

nes ou des mois. Puis brusquement le malade se
sent guéri et peut reprendre ses occupations, sa vie.

Cette période de santé persiste plusieurs mois,
même des années ; puis de nouveau une nouvelle crise
éclate avec peu ou pas de prodromes. Cette forme
peut être périodique, dans ce cas le malade présente habituellement une ou deux crises par an.

Ce retour subit à la santé, dont le malade et son
entourage sont convaincus, est cependant plus appa-
rent que réel, car, en examinant attentivement le
malade pendant ses rémissions, j'ai toujours constaté une surexcitation cérébrale qui ne pouvait
durer indéfiniment et devait tôt ou tard, suivant
son intensité, amener une rechute.

Le pronostic de la forme intermittente, malgré
ses retours à la santé, n'est pas meilleur que dans
la forme essentielle.

Ces trois formes, si dissemblables par leurs causes, leurs débuts, et leur marche, ne le sont pas
autant, si on les considère au point de vue de la
défectuosité du contrôle.

Dans la forme essentielle, nous nous trouvons
nettement en présence d'un arrêt de développement
de cette faculté.

Dans les autres cas, c'est le fait de l'instabilité du contrôle ; les 3 formes ne sont au fond que trois degrés d'insuffisance.

Comme pronostic, il est naturel que l'arrêt de développement du contrôle rendra la guérison bien plus difficile à obtenir. Il ne s'agit plus de retrouver une faculté simplement oblitérée par un choc ou des fatigues, il faut en quelque sorte la créer de toutes pièces ; ce qui demandera au malade de longs mois de lutte et d'efforts persévérants.

L'instabilité de la forme intermittente devrait être facile à améliorer ; mais ici il entre un autre acteur, le malade se soumet bien difficilement à un traitement rigoureux, sachant déjà que sans efforts il arrivera à une période de bien-être, très artificiel il est vrai, puisque la rechute est fatale.

LES SYMPTOMES PSYCHIQUES

On peut grouper les symptômes psychiques en deux classes principales : la première comprend les symptômes du début, période latente, où le contrôle cérébral est déjà insuffisant, mais non d'une façon permanente.

La seconde comprend la période d'état, où l'insuffisance est établie d'une manière plus stable et plus complète.

Dans sa période latente, les symptômes ne sont guère pathognomoniques, souvent assez difficiles à dépister.

Le médecin a fort peu l'occasion de les voir, car le patient ne s'en plaint pas et ne se fait pas soigner ; ce n'est du reste qu'un candidat à la psychasthénie et comme cette période peut durer des années sans s'aggraver, il est bien rare que médicalement l'on ait à s'en occuper.

Il est cependant de toute importance de la connaître ; car au début l'insuffisance du contrôle est beaucoup plus facile à guérir, il serait donc aisé de prévenir, d'empêcher l'établissement de l'insuffisance complète. Dans cette période, le rôle de l'éducation est primordial et si le médecin a peu souvent l'occasion de s'en occuper, il peut au moins, en la connaissant, prévenir les parents et sauver bien des malheureux.

Si les symptômes en eux-mêmes n'ont pas un caractère bien distinct, s'ils ne diffèrent guère de ceux qu'on observe dans la simple nervosité, leur ensemble cependant ne trompe pas l'observateur un peu minutieux.

Le premier symptôme est l'impressionnabilité exagérée ; son caractère distinctif est de n'être pas permanent, comme celle de la nervosité simple, le caractère est instable, gai et morose, expansif et concentré en lui-même : tout cela sans causes apparentes. Interrogez le patient, il ne pourra définir son état, il le qualifierait de malaise moral, quelquefois d'une crainte indéfinie, de vague dans la pensée.

Il se laisse souvent aller à un certain état de rêve, état demi-conscient nullement désagréable pour le patient, mais dont il ne réalise pas assez le danger, et dont il aura de la peine à sortir. Pour peu que cet état se prolonge, les symptômes s'accentuent ; l'apathie, la fatigue, le dégoût de la vie se manifestent.

Si l'état de rêve n'existe pas, l'on trouve au moins toujours une instabilité excessive de la pensée : elle ne se fixe jamais, c'est ce que nous appelons *l'état de vagabondage cérébral*.

Cette forme aussi caractéristique de l'instabilité du contrôle que l'état de rêve ne présente pas autant d'inconvénient et peut persister très longuement sans s'aggraver.

Cette instabilité, si temporaire soit-elle, amène forcément de la fatigue cérébrale et le sentiment de cette instabilité amène l'indécision et le peu de confiance en soi.

Le malade discute tout ce qu'il fait, raisonne tout ce qu'il pense sans pouvoir arriver à une solution définie et pratique. Il vit très peu dans le présent, sa pensée se reporte toujours soit dans le passé, soit dans l'avenir.

Rappelons que tous ces phénomènes sont passagers, se répètent vingt fois par jour, mais lais-

sent le patient tout à fait normal, entre les accès,
et sont bien la caractéristique de l'instabilité du
contrôle. Nous les retrouvons du reste tous dans
la période d'état, avec cette différence que le malade en souffre, et qu'il n'a plus de rémissions.

Nous avons dit que cette période latente n'a pas
de durée définie, elle peut persister des années et
brusquement, sous l'influence d'un choc moral très
faible, souvent passer à la période d'état.

Symptômes de la période d'état

Il est facile de se rendre compte que les symptômes de la période d'état découlent les uns des autres, que ce n'est qu'une progression de l'instabilité
du contrôle vers l'insuffisance permanente. En plus
un phénomène important, et qui différencie nettement la première période de la seconde, c'est que
le malade devient de plus en plus conscient de son
état cérébral; ce sentiment, bien que souvent peu
défini, donne une sorte de crainte et d'anxiété bien
typique. C'est aussi ce même sentiment qui fait
qu'un symptôme, bien toléré dans la première
période, ne l'est plus dans la seconde.

C'est ce qui explique comment un fait de minime

importance s'exagère dans des proportions énormes et aboutit souvent à une crise de désespoir, le patient perdant de vue le motif réel de sa crise et ne sentant que l'insuffisance de son contrôle.

Considérés à ce point de vue, tous les symptômes des psychasthéniques s'expliquent et se comprennent aisément, ce ne sont pas des symptômes dus à l'imagination du malade; ils sont réels et découlent forcément de l'état du fonctionnement anormal du cerveau.

Nous pouvons dire donc que tous les symptômes d'état des psychasthéniques viennent, d'une part, du degré de l'instabilité du contrôle, de l'autre du sentiment qu'a le malade de cette instabilité.

Voyons maintenant ce que donne l'aggravation des symptômes de la période latente.

Prenons le malade dans cet état de rêve, de semi-conscience, qui n'est pas maladif, en lui-même, car il existe chez l'homme normal comme délassement du cerveau; mais là c'est un état volontaire: il peut rêver ou ne pas rêver. Dans la période latente au début, c'est aussi le cas, mais peu à peu le malade en prend l'habitude par paresse cérébrale; il le recherche, puis il ne peut plus en sortir et redoute même de le faire, l'effort devenant douloureux. Il vit donc de plus en plus en lui-même se sépare de la vie extérieure, de là cette forme d'égoïsme maladif qui prime tout et le rend si pénible à son entourage. Il a perdu tout contact avec les choses qui l'entourent, qu'il ne voit plus qu'à travers un voile plus ou moins épais. Il n'a plus que le « sentiment du soi, » qu'il abomine souvent, dont il ne peut se débarrasser.

Nous avons dit qu'il souffre d'en sortir et c'est un phénomène vrai, le retour à l'état normal, contrôlé, ne se produit qu'avec une sorte de déchirement, de douleur, que le malade redoute. D'un autre côté, il sait aussi que cet état de rêve ne peut se prolonger indéfiniment, qu'il aboutit fatalement à la tristesse, à la dépression à l'angoisse, il reste donc entre ces deux alternatives, sans volonté, sans force, sans courage.

Le manque de fixité dans les idées, ce que nous avons appelé « le vagabondage cérébral », ne présente au début que peu d'inconvénients pour le malade, sauf la difficulté dans tout travail ; mais à mesure que cet état se prolonge et qu'il devient permanent, la scène change. Ce travail incessant fatigue le malade, cette multitude d'idées qui se précipitent dans son cerveau sans relâche ni jour ni nuit l'obsèdent, l'angoissent.

Il ne se sent plus maître de lui, c'est un bateau ballotté dans une tempête sans gouvernail, sans pilote. Par leur multiplicité et aussi par la fatigue, les idées perdent leur juste valeur et leur netteté, la confusion s'établit et l'affolement en est le résultat.

La surexcitation cérébrale que nous trouvons aussi au début s'aggrave dans les mêmes proportions et donne des crises de colère, de désespoir sans causes, auxquelles succèdent de l'affaissement, de la tristesse et de la dépression.

La conscience de cet état d'incontrôlé donnera toute une classe de sensations diverses que nous allons passer rapidement en revue.

Sentiment d'infériorité. — Le malade perd sa confiance en lui-même, il se sent inapte à tout travail sérieux, souvent même à toute conversation, il fuira de ce chef ses semblables. Il prend peur de tout et s'exagère tout. Le moindre changement dans ses habitudes, la moindre chose à faire peut déterminer une crise d'angoisse, simplement parce qu'il se sent inférieur à la tâche qu'il se propose.

L'état d'anxiété continuel en est la conséquence forcée. Ce sentiment, si pénible pour le patient, tient à la même cause; sa vie se passe à prévoir des malheurs. Il n'est jamais tranquille, jamais heureux; la peur du présent et, comme horizon, la crainte de l'avenir sont ses sentiments habituels.

Quant le tableau n'est pas si sombre, c'est au moins une inquiétude, une agitation pénible, il ne sait pas ce qu'il veut, ni ce qu'il doit faire. S'il fait quelque chose, il le regrette, s'il ne fait rien c'est encore pire.

Angoisse.

De l'anxiété à l'angoisse il n'y a qu'un pas, bien vite franchi. C'est un des symptômes les plus typiques du sentiment d'incontrôle. C'est aussi le plus violent qui peut porter le malade à toute extrémité et qui paraît souvent inexplicable. Cela peut être une douleur physique en même temps qu'une souffrance morale, particulière à chaque malade. C'est quelque chose qu'il ne peut réaliser, qui le désespère et l'affole. Cette souffrance brise le cerveau le plus résistant, c'est la douleur qu'il supporte le moins et qu'il craint le plus.

Parfois le patient reporte cette sensation sur un organe, il aura de l'angoisse précordiale, stomacale, intestinale même. Cette forme de douleur n'est pas aiguë, mais sourde, donnant les sensations les plus bizarres et les plus variées.

Aboulie.

On peut affirmer que tout psychasthénique a de l'aboulie ; en effet, de l'indécis qui diffère indéfiniment un acte à l'aboulique complet, nous en trouvons tous les degrés.

Cependant nous verrons plus tard que l'absence de volonté est plus apparente que réelle et qu'il s'agit plutôt d'un défaut d'utilisation. Quoi qu'il en soit, le résultat est le même. Toute idée, tout acte de volonté éveille dans l'esprit du malade une sensation de crainte, il prévoit la stérilité de l'effort, le doute l'étreint et le paralyse. C'est la peur du vouloir qui le rend aboulique, car tout effort est douloureux, tout acte angoissant.

Phobies et obsessions. — Ces symptômes sont constants dans la période d'état. La peur d'un mot, d'une idée, d'une chose qui obsèdent si souvent les psychasthéniques provient toujours au fond du sen-

timent que cette idée n'est pas sous la domination
de sa volonté, qu'il ne peut ni l'écarter, ni s'en
défendre.

Symptômes physiologiques (organiques) provenant de l'insuffisance de contrôle.

Outre les symptômes psychiques que nous venons de décrire, il existe toute une série de symptômes physiologiques dépendant directement de l'état d'incontrôle cérébral. L'on peut dire que l'organe atteint reflète souvent si bien l'état du cerveau qu'il a de même ses phobies, son angoisse, son aboulie.

Nous ne passerons pas en revue tous les symptômes qui peuvent se produire, suivant l'organe qui entre en jeu, car ils ne sont pas particuliers à l'état d'incontrôle, mais dus au mauvais fonctionnement de l'organe.

Ce mauvais fonctionnement de l'organe provient, lui, du système nerveux, système sur lequel réagissent naturellement toutes les anomalies de contrôle.

Le système vasculaire est celui, me semble-t-il, qui présente les réactions les plus particulières ; sous l'influence des vaso-moteurs, l'organe s'anémie ou se congestionne, augmente ou diminue ses sécrétions à la moindre influence psychique.

Tous les systèmes peuvent être atteints ; les plus fréquents sont le système digestif et génito-urinaire, ce dernier particulièrement chez l'homme.

Les organes des sens présentent, eux, certaines particularités qu'il importe d'étudier.

Vue. — Toutes les anomalies de la vue s'exagèrent chez les incontrôlés, les images comme les idées peuvent être moins nettes, confuses, cela sans altération de l'organe. On dirait souvent que les images frappent la rétine sans pénétrer dans le cerveau; psychiquement, le malade regarde sans voir, comme, pour l'ouïe, il écoute sans entendre.

Ouïe. — Si la vue est obnubilée, l'ouïe présente habituellement le symptôme inverse. On constate en effet une hyperexcitabilité qui rend le malade sensible au plus léger bruit, cause très fréquente de l'insomnie.

Pour le toucher. — La sensation perçue par la main paraît juste, mais elle n'arrive pas au cerveau qu'elle est déjà effacée, le cerveau n'étant pas assez conscient de ce qu'il touche, de ce qu'il fait.

C'est ce fait mental que nous cherchons à mettre

en évidence, car les symptômes physiologiques
que nous venons de décrire n'ont que peu d'importance en eux-mêmes, mais leur cause psychique
est essentielle à connaître pour le traitement.

NÉCESSITÉ D'UNE RÉÉDUCATION
DU CONTROLE

Nous savons par les chapitres précédents que la cause essentielle de toutes les psychonévroses était due à l'instabilité ou à l'insuffisance de ce que nous appelons le contrôle cérébral.

Ce fait nous semble suffisamment prouvé pour pouvoir baser le traitement de la psychasthénie. Nous ne saurions chercher dans un médicament le pouvoir de recouvrer une faculté cérébrale perdue, ou de compléter une faculté trop peu développée ; ce n'est donc que par une méthode psychothérapique que nous pouvons chercher ce résultat.

Nous allons passer rapidement en revue les différentes formes de traitement, non pas en critique, mais plutôt pour déterminer les raisons du dressage.

Hypnose. Suggestion. — Cette méthode a déjà

donné de trop belles cures entre les mains de médecins expérimentés pour en nier l'efficacité : Je l'ai vue agir d'une façon souvent merveilleuse lorsqu'il s'agit de soulager un malade, d'éliminer un symptôme (constipation, troubles digestifs, etc.) au point de vue psychique en donnant de l'espoir, du courage à son patient.

Mais au point de vue de la rééducation du contrôle faite dans le sommeil hypnotique ou par suggestion, je n'ai obtenu que des résultats passagers, le malade comptant toujours plus sur le médecin que sur lui-même et préférant la suggestion facile à la lutte.

Quant aux autres méthodes de psychothérapie pure telles que, rééducation de la volonté, cure du D' Dubois, elles ont le même but cherché par nous et ont ouvert au traitement de ces maladies un nouvel horizon, donnant des résultats au-dessus de toute espérance. En face des succès obtenus, pourquoi chercher autre chose, et quels seraient les avantages ou la nécessité d'un autre traitement ?

Nous pouvons répondre à cette objection par la critique de quelques malades traités et non guéris qui disaient : « Tout ce que vous me dites, je le sais déjà, je le veux sincèrement, mais je ne puis le faire ; montrez-moi comment je puis y arriver ! »

Cette critique a en effet un fonds de vérité que l'on ne peut nier. Il ne suffit pas toujours de dire au malade ce qu'il doit faire ; il faut le lui montrer, c'est là le rôle et le but du dressage.

Il faut se rappeler qu'un malade sans contrôle est comme un enfant qui n'a jamais marché, montrons-lui les premiers pas, soutenons-le dans sa marche ; ses erreurs nous les corrigerons dans la suite.

Dans cette anomalie de contrôle cérébral, il ne s'agit pas seulement d'idées faussées sur lesquelles on peut agir par le raisonnement, il y a plus ; les différentes modifications que nous voyons se produire sous l'action de l'insuffisance de contrôle nous font admettre que ce ne sont pas seulement les idées qui sont modifiées, mais le travail cérébral en lui-même, qu'il y a donc quelque chose d'anormal dans le fonctionnement de l'organe. Ce fonctionnement imparfait peut se corriger par le dressage, non pas uniquement par le raisonnement.

COMMENT CONTROLER UN CERVEAU

En concluant à la nécessité d'un dressage du contrôle cérébral, nous avons dit que nous devrions montrer au malade comment il devait faire ; c'est en effet le point épineux de la question qui importe surtout au médecin traitant. Avant donc de commencer l'étude du dressage, nous avons à expliquer le procédé que nous employons et qui nous sert précisément à montrer au malade comment il doit faire.

Au point actuel où en est la science, le travail cérébral échappe, semble-t-il, au contrôle direct du médecin, c'est-à-dire qu'il n'avait aucun moyen de vérifier les dires de son patient pour ce qui relève du cerveau.

Frappé de cette lacune j'ai cherché s'il n'existait pas une façon quelconque et simple de le faire.

Il me semblait bien étonnant que des symptômes parfois si intenses ne puissent être perçus (vérifiés) à l'extérieur. Le pouls cérébral donnait bien des indications, mais pas suffisamment pratiques, et de plus nécessitait l'emploi d'un instrument délicat.

Mes expériences personnelles m'ont démontré, à l'encontre des opinions admises, que la main, avec un certain entraînement, placée simplement sur le front, pouvait donner des indications suffisamment précises sur le travail cérébral.

Je sais fort bien avec quel scepticisme sera acceptée cette affirmation, car il est en effet difficile d'admettre que le mouvement du cerveau puisse être perçu à travers la boîte osseuse; mais sans vouloir l'expliquer, tout ce que je puis dire c'est qu'il a une répercussion extérieure et que cette répercussion peut être sentie par la main; elle se traduit par une série de chocs répétés, donnant la sensation d'une ondulation ou d'une vibration particulière.

Il ne s'agit pas pour les percevoir d'avoir un don particulier ou une sensibilité spéciale de la main, nombre de mes malades, et cela depuis des années, les perçoivent comme moi.

Pour ceux qui veulent en faire l'expérience, voici comment il faut procéder :

Priez une personne de suivre attentivement le tic-tac d'un métronome, ou mieux de le répéter

mentalement. Placez votre main sur le front, soit
à plat soit de champ, vous percevrez un petit choc
ou battement plus perceptible une fois à droite et
une fois à gauche qui correspondra au tic-tac.

Si vous augmentez la rapidité du métronome, ce
battement sera plus rapide ; si vous le ralentissez il
suivra le même rythme.

Si la personne a une distraction vous ne percevrez à ce moment-là aucun battement, il y aura
un arrêt, un changement dans votre sensation. Il
y a donc une corrélation entre la pensée de l'individu et la sensation que vous percevez.

Il est possible qu'une première expérience ne
vous donne pas une sensation suffisamment précise,
mais peu à peu, avec un peu de patience, la perception devient nette.

Nous ne citons ce fait qu'à titre de simple expérience, nous réservant plus tard de donner des
preuves plus complètes et plus scientifiques.

Pour le moment nous admettrons que la sensation perçue est en relation avec le travail cérébral
et qu'elle se modifie suivant l'état du cerveau,
c'est-à-dire qu'il est facile de percevoir une différence entre un cerveau calme et un autre agité,

plus encore entre une idée ou une pensée contrôlée et une qui ne l'est pas. Ce fait est un puissant élément de diagnostic et permet au médecin de contrôler ce que fait le malade.

Nous ne prétendons nullement savoir par ce procédé ce que pense le malade, mais comment il se contrôle.

Avec un peu d'habitude, on arrive à reconnaître certaines différences dans le sentiment perçu par la main et qui correspondent à certains états du cerveau. Nous chercherons à les décrire et nous donnons le nom de vibration ou ondulation à la sensation perçue.

Etats anormaux du cerveau

Dans l'état non contrôlé, nous trouvons trois types principaux :

1° *Etat de torpeur;*

2° *Etat de surexcitation;*

3° *Etat de tension.*

Le premier est caractérisé par une diminution dans la sensation perçue par la main ; les réactions sont plus lentes et irrégulières ; on a le sentiment que le cerveau est moins actif, lourd, sans énergie

L'état de surexcitation, au contraire, donne des réactions fortes, mais désordonnées, différentes de l'agitation normale, qui présente toujours une certaine régularité dans la vibration.

L'état de tension donne presque toujours de la douleur, le sentiment de griffe à la nuque, de compression sur les tempes. Le malade a la sensation d'avoir le cerveau bloqué ou contracté. Au début, c'est un phénomène de défense naturel contre une angoisse ou simplement parce que le malade a plus ou moins conscience qu'il n'est pas maître de son cerveau. Il est donc constant chez tous les neurasthéniques. Ce symptôme momentané peut dans certains cas devenir persistant et crée un type particulier.

La tension ou contraction ne se limite pas au cerveau, mais se généralise à tout le corps.

Les muscles en premier lieu sont plus ou moins contractés et parfois douloureux ; la marche devient difficile, même impossible. L'équilibre est instable. Il existe aussi des contractions de l'œsophage, de l'estomac, des intestins.

Cette forme musculaire prête facilement à des erreurs de diagnostic quand elle est limitée à un

bras ou une jambe. On pourrait penser à une con-
tracture hystérique et quand elle est plus étendue à
une lésion de l'encéphale ou de la moëlle épinière.

L'examen direct permet de reconnaître facilement
cette tension cérébrale; les vibrations sont tendues
comme dans le pouls « fil de fer ».

Il n'y a aucune ampleur dans les réactions, qui
sont très rapides ou paraissent ne pas exister.

Vibrations normales et anormales

Nous venons de voir que les différents états
anormaux du cerveau donnaient à la main des sensations spéciales. Pour plus de clarté, signalons les
types les plus caractéristiques des vibrations que
l'on peut percevoir dans le but de faciliter la tâche
à ceux qui veulent répéter nos expériences.

Prenons d'abord ce que nous donne un cerveau
normal.

Nous percevons dans ce cas une sorte de pulsa-
tion dont la rapidité peut varier, suivant l'état du
cerveau, de 35 à 100 battements environ par minute.

Les vibrations les plus lentes correspondent à
l'état de calme du cerveau; plus il s'anime, plus sa
rapidité augmente. Il existe aussi des différences

3.

d'ampleur et de force. Aussi dès que la volonté
entre en jeu il est facile de constater qu'immédiatement le choc perçu est plus accentué et plus
rapide.

Malgré ces variations, toute vibration normale
présente un certain rythme et une certaine régularité; c'est ce qui les différencie des vibrations anormales, qui sont toujours irrégulières.

Si l'on examine le cerveau d'un neurasthénique
même dans un moment où il se sent parfaitement
normal, on ne trouve jamais des vibrations très
régulières.

Elles peuvent paraître normales au premier abord,
car l'on peut percevoir quelques chocs animés
d'un certain rythme; mais, subitement, il se produit
un trouble; c'est une série de battements désordonnés, puis tout rentre dans l'ordre pour recommen-
cer un peu plus tard. Si vous interrogez le malade,
il vous répond que c'est une idée qui lui a traversé
la tête ou que c'est une distraction. Parfois aussi il
ne s'en rend nullement compte. Pour le médecin,
il peut être certain qu'il s'agit d'un arrêt de contrôle.

Dès que le malade est sous l'empire d'une idée

obsédante ou d'une simple surexcitation, les pulsations deviennent très rapides, incomptables. De plus
vous observez un choc violent, suivi de chocs à
peine perceptibles ; jamais de séries de pulsations
ayant à peu près la même ampleur ou la même
intensité.

L'état d'angoisse n'est qu'une augmentation de
ce que l'on trouve dans la surexcitation, les chocs
sont encore plus accentués et plus désordonnés et
donnent bien la sensation d'affolement.

Quant à l'état de tension dont nous avons déjà
parlé, il constitue une quatrième forme anormale
présentant la même irrégularité.

Ces différentes modalités constituent les formes
les plus importantes de l'état incontrôlé et dès que
l'on est arrivé à les percevoir le médecin est capable de procéder au dressage tel que nous l'entendons.

COMMENT MODIFIER UNE VIBRATION ANORMALE

En admettant le fait qu'il existe des vibrations
anormales, c'est-à-dire particulières à l'état d'incontrôle cérébral, nous arrivons à la conclusion

forcée que toute insuffisance modifie le cerveau
dans sa fonction même. Cette conception matérielle
de la neurasthénie n'est pas indifférente et dans le
traitement nous aurons donc à tenir compte de cet
élément nouveau, car il nous apprend que le dressage ou la rééducation du contrôle ne peut être
complet que si le malade arrive aussi à changer le
fonctionnement du cerveau ou à remplacer ses
vibrations anormales par des vibrations normales.

La première question qui se pose est donc de
savoir comment on peut les modifier ?

Pour cela nous devons rechercher avant toute
autre chose la cause qui les produit. Nous savons
déjà que celle-ci est, soit l'instabilité, soit l'insuffisance du contrôle ; mais cette cause toute générale ne nous donne pas d'indications suffisantes
pour le dressage.

Il existe donc d'autres facteurs que nous devons
rechercher avec soin, et qui nous donneront la clé
de l'énigme.

En examinant le cerveau des malades, il arrive
fort souvent que l'on voit se modifier sous la main
la vibration anormale ; celle-ci reprend son rythme,
la régularité de la vibration contrôlée.

Quelles sont donc les causes qui subitement modifient la vibration anormale? Nous pouvons dire qu'elle se modifie par trois chefs principaux:

1º S'il s'agit d'une simple instabilité, il suffira généralement que le malade devienne plus conscient de ce qu'il fait, de ce qu'il pense;

2º Lorsqu'il y a un certain degré d'insuffisance, la conscience seule ne suffit pas; il faut que le malade puisse se concentrer sur l'idée qu'il a, sur l'acte qu'il accomplit;

3º Le troisième facteur et le plus important et qui peut remplacer les deux autres consiste, pour le malade, à faire intervenir la volonté. Il doit donc rendre l'acte ou l'idée, volontaire, ou sentir qu'ils sont soumis à sa volonté.

De ces trois conditions dépendent donc le fonctionnement et le contrôle cérébral.

Il faut que le malade ait suffisamment de conscience, de concentration, de volonté, ces trois qualités lui permettront de se contrôler et de modifier une vibration anormale.

TRAITEMENT

En abordant la question du traitement, nous devons mettre à profit ce que nous ont appris les chapitres précédents et considérer la cure de la psychasthénie à un double point de vue.

1° Fonctionnel ;

2° Psychique.

Nous avons donc deux buts bien définis : modifier le fonctionnement cérébral en apprenant au malade comment une vibration anormale peut être rendue normale, puis la rééducation du contrôle, qui sera le traitement psychique.

Ces deux buts sont en eux-mêmes inséparables, nous faisons donc cette distinction, surtout pour la clarté de l'exposition.

TRAITEMENT FONCTIONNEL

Nous avons dit que toute instabilité, toute insuffisance de contrôle était caractérisée non seulement par des modifications psychiques, mais aussi fonctionnelles. Il est donc tout naturel de chercher à réformer le fonctionnement anormal du cerveau, comme nous cherchons à réformer l'idée anormale.

Pour le malade, cette conception matérielle de sa maladie lui est du reste utile; il a besoin d'une représentation quelconque plus tangible que l'idée, car il sait déjà que celle-ci échappe à son autorité. Dans le traitement fonctionnel, nous apprendrons donc au malade comment il peut modifier une vibration anormale en lui donnant les qualités qui lui manquent, ou comment doit s'opérer le remplacement d'un état cérébral non contrôlé par un état contrôlé.

Les exercices mentaux que nous donnons représentent les qualités essentielles du contrôle et ont pour but de faire acquérir au malade la volonté, la concentration, la conscience qui lui font défaut. Ils sont en outre des types de vibrations normales; de cette façon nous remplissons ce que nous nous sommes proposé.

L'insuffisance de contrôle n'existe pas seulement dans l'idée, mais aussi dans les actes, et ce sont par eux que nous commencerons la rééducation du contrôle, car il est plus facile d'apprendre à contrôler au début, un mouvement, un acte quelconque, qu'une pensée.

CONTROLE DES ACTES

Le contrôle des actes est le premier pas à faire dans la rééducation du cerveau, c'est le moyen le plus simple, qui peut sembler au premier abord souvent puéril, mais qui donne quand même des résultats très appréciables.

Si l'on examine la façon dont sont exécutés les actes de la vie normale chez les psychasthéniques, on est frappé de suite par leur manque de netteté, par leur peu de précision. On sent, la plupart du temps, que leur pensée est ailleurs ou qu'ils ne peuvent suivre la pensée, l'acte, durant son développement. Presque toujours le début est mou, on sent qu'il manque une impulsion déterminée.

Prenons un exemple. Un psychasthénique veut chercher un objet dans sa chambre. Une fois entré, le plus souvent il ne sait plus ce qu'il est venu y faire; si l'objet se trouve dans un tiroir fermé à clé et qu'il le prenne, à peine sorti il ne saura si le tiroir est vraiment refermé à clé, s'il a refermé sa porte, etc., etc.

Tous les actes accomplis auront été faits dans un état semi-conscient, sans attention, sans volonté déterminée; il n'a pu suivre l'idée primitive qui était de chercher tel ou tel objet.

On conçoit tous les inconvénients qui peuvent en résulter au point de vue de la vie pratique, en plus tous ces actes faits à moitié consciemment ont une répercussion cérébrale, l'esprit se fatigue à rechercher ce qu'il a fait, cette incertitude constante trouble le malade et l'aide à perdre sa confiance en lui-même.

Nous ne demanderons pas au malade de contrôler tous les actes qu'il accomplit dans la journée, ce qui serait impossible, mais de faire, chaque heure, un certain nombre d'actes déterminés. Cette répétition constante d'actes contrôlés détermine chez le malade en un temps relativement court, une certaine habitude cérébrale qui lui sera de toute utilité.

Façon de procéder. — Prenons, pour commencer, un mouvement simple, par exemple la flexion du bras, que nous demandons au malade de bien vouloir faire.

Le mouvement, pour être bien contrôlé, devra être

assez conscient, assez concentré et assez volontaire,
c'est-à-dire que le malade doit savoir ce qu'il fait,
il doit donner l'impulsion suffisante pour le faire et
suivre jusqu'au bout le mouvement qu'il accomplit.
Comme contrôle, mettre la main sur le front, si le
mouvement est exact, vous aurez la sensation d'une
vibration uniforme.

Si le mouvement est insuffisamment contrôlé, la
courbe sera brisée.

En attirant l'attention du malade sur son erreur,
il s'en rend assez facilement compte et se corrige
graduellement.

On doit demander au malade de faire des mouvements de courte durée, surtout au début, une trop
longue concentration sur l'acte étant impossible.

2° EXERCICE. *Contrôle de la marche.* — Faites
marcher le malade, demandez-lui, par exemple,
d'avoir, durant cinq pas, la sensation précise (dans
le cerveau) qu'il avance son pied droit, puis son
pied gauche. Une fois déterminé, qu'il sente exactement le mouvement de la jambe puis du corps
tout entier. Apprenez-lui en même temps à vérifier
si le mouvement est assez souple, aisé.

Le malade s'apercevra très vite qu'en contrôlant

sa marche de temps en temps, il sera beaucoup moins vite fatigué.

Pour la plupart de ces actes, on ne peut avec la main contrôler le cerveau, mais avec un peu d'attention le médecin peut s'apercevoir des erreurs du malade. Il faut, du reste aussi, que celui-ci y mette toute son application ; pour peu en effet que l'acte ne soit pas complètement contrôlé, il n'en tire aucun bénéfice.

Dans le but d'obtenir un résultat aussi parfait que possible, nous ne devons pas nous borner au contrôle des mouvements, mais nous devons rendre les organes des sens aussi conscients qu'on le peut.

Le toucher. — Exemple : le malade prend un objet quelconque, il déterminera mentalement la sensation exacte que le toucher de l'objet lui procure, sa forme, la sensation de poids ou de chaleur, de dureté, etc.

La vue. — Comme nous l'avons dit, le non contrôlé regarde souvent sans voir, et ce fait doit être corrigé, il faut donc habituer le cerveau à devenir attentif à tout ce qui frappe la rétine, à ce qu'il ait une vision précise, nette, de tout ce qui l'entoure. Comme exercice faites passer un objet, une gravure, rapidement devant les yeux du patient et faites-lui décrire ce qu'il a vu.

Ouïe. — Pour rendre l'ouïe plus consciente et ne plus écouter sans entendre, le malade prendra l'habitude de définir les bruits qu'il perçoit, puis il faut qu'il puisse porter son attention exclusive sur le bruit qu'il a choisi : par exemple suivre le bruit du tramway qui passe, du tic-tac d'une montre, etc. Il est de toute importance qu'il ne se sente pas hanté par un bruit quelconque, fait qui se présente si souvent, mais qu'il puisse écouter ce qu'il veut seulement. Nous répétons que tous ces exercices doivent être de courte durée, quelques secondes, et qu'il faut les varier autant que possible.

ACTES VOLONTAIRES

Nous mettons les actes volontaires un peu à part, en faisant une classe spéciale, qui nous est utile dans la question de dressage. Nous admettons naturellement que tout acte conscient est en même temps volontaire, puisqu'il est voulu, mais nous faisons cette différence.

Quand nous demandons au malade de faire un

acte conscient, nous demandons qu'il ait simplement la sensation de l'acte, qu'il sente, par exemple, qu'il plie son bras. Dans l'acte plus spécialement volontaire, le patient n'a plus que le sentiment de sa volonté qui est au premier plan ; il sent qu'il veut plier le bras.

Faites lever un malade, s'il fait un acte conscient il traduira son idée en disant : « Je sens que je me lève. S'il le fait volontairement, il dira : « Je veux me lever. » Cette distinction, qui peut paraître un peu subtile, a son utilité, car c'est le premier pas de la rééducation de la volonté.

Il y a du reste une différence de vibration si vous contrôlez le cerveau avec la main. L'ondulation perçue sera plus accentuée dans l'acte volontaire que dans l'acte conscient. Apprenons donc au malade à faire, durant la journée, des actes volontaires différents des actes simplement conscients.

Que le matin au réveil il se lève volontairement, qu'il se couche de même ; qu'il sorte parce qu'il le veut, qu'il veuille rentrer.

EFFET PSYCHIQUE DU CONTROLE DES ACTES

Voyons maintenant l'effet que produit le contrôle des actes chez un psychasthénique. Au premier abord, il semblerait que cette attention constante de tous les actes de la vie est une chose absolument anormale qui ne pourrait que créer un symptôme maladif de plus.

Ce qui peut être vrai pour un cerveau équilibré ne l'est pas chez le non contrôlé. Bien au contraire, celui-ci prend une habitude qui lui sera fort utile. Si les actes sont réellement bien faits, il se sentira plus maître de lui-même, plus calme, plus pondéré. Son cerveau, toujours occupé à quelque chose de défini, s'angoissera de moins en moins. Sa confiance en lui-même renaîtra : il prendra l'habitude du contrôle.

Plus le malade se sera appliqué à faire très exactement les actes conscients ou volontaires, plus vite il s'apercevra que l'effort et l'attention un peu forcée du début diminueront ; cela ne sera plus pour lui un travail, mais une habitude commode, qui doit devenir naturelle et normale progressivement.

Que le malade en comprenne l'importance et le fasse à fond, car nous avons vu des psychasthéniques se guérir par ce simple procédé ; il n'a contre lui que sa simplicité même qui ne frappe pas assez l'imagination du malade et puis, que l'habitude est souvent fort longue à s'établir.

Au point de vue de l'effet des actes conscients et volontaires sur les vibrations anormales, nous pouvons ajouter que, si l'acte est bien fait, la vibration devient normale et que le résultat, dans beaucoup de cas, se prolonge un certain temps après l'acte. Si la vibration anormale n'est pas modifiée, on peut être assuré que l'acte exécuté n'est pas complètement contrôlé. Il est naturel d'admettre que le cerveau prend l'habitude de donner des vibrations normales si les exercices se font assez régulièrement.

Remarquons aussi que l'acte conscient ou volontaire se grave mieux dans le cerveau; le malade se souviendra donc de ce qu'il a fait et sa mémoire, qui lui faisait complètement défaut, se retrouvera peu à peu.

Une erreur commune à tous les débutants est de faire un effort trop considérable pour rendre l'acte conscient. Tout au contraire, l'acte contrôlé doit donner une sensation plutôt de repos, car le cerveau ne doit avoir qu'une idée, qu'une sensation; celle de l'acte qu'il accomplit.

CONTROLE DES IDÉES

Le contrôle des actes étant acquis, nous passons au contrôle des idées. De même que pour les actes le contrôle des idées a trois conditions essentielles:

, 1° *L'idée doit être consciente ;*

2° *On doit pouvoir se concentrer sur l'idée ;*

3° *Elle doit être soumise à la volonté.*

L'IDÉE DOIT ÊTRE CONSCIENTE

Nous entendons par cela que le malade puisse avoir connaissance de son idée, cette connaissance si naturelle à l'esprit normal ne se trouve que partiellement chez l'incontrôlé. Il faut reconnaître que la plupart du temps il existe de la confusion dans le cerveau, les idées se suivent avec une telle rapidité et si peu de suite qu'il ne peut se rendre compte de toutes celles qui lui passent par la tête. Elles sont rarement nettes, précises, et peuvent difficilement être exprimées par le malade.

Cet état d'inconscience cérébrale est très variable

parfois très faible, le malade ne s'en doute pas, parfois aussi très pénible.

L'on conçoit que nous ne pourrions demander de juger, de raisonner, d'écarter une idée ou une pensée dont le patient n'a pas entièrement connaissance. C'est donc cette connaissance que nous devons apprendre au patient et pour y arriver nous devons déterminer l'état de conscience du cerveau.

ÉTAT DE CONSCIENCE

Pour habituer le malade à prendre connaissance de son cerveau, nous lui demandons de faire plusieurs fois par jour un examen rapide de tout ce qu'il sent, de tout ce qu'il pense et de ses idées même; cet examen peut être simplement mental ou dans certain cas écrit pour être soumis au médecin traitant. L'écriture a de plus l'avantage d'obliger le malade à formuler exactement l'idée.

Cet état de conscience est le « gnoti seauton » du philosophe ancien; plus que tout autre l'incontrôlé doit se connaître non pour s'apitoyer sur lui-même, mais pour arriver à la connaissance de ce qui est bon ou mauvais dans son cerveau. Il arrivera à reconnaître la façon dont son esprit travaille; les modifications anormales que prennent certaines

pensées, certaines impressions ; comment il arrive à
l'angoisse ; quelles sont les pensées ou les idées qui
la provoquent. Il se rendra compte que l'idée incontrôlée est une roue folle sans direction et qui aboutit bien souvent à un but différent de celui qui
devrait être. Il verra aussi qu'il existe certaines
pensées qu'il doit écarter sous peine d'en souffrir ;
que certaines idées amènent forcément certains
symptômes, que la peur d'une douleur passée la
détermine presque sûrement.

Si cette analyse écrite est bien faite, elle constitue un champ d'expériences pour le malade ; il se
convaincra, par une multitude d'essais, des mé-
faits de certaines idées, de l'importance qu'il y a à
contrôler ses pensées et ses impressions.

Le médecin de son côté a tout un but à rem-
plir, en indiquant au malade ses erreurs et ce qu'il
doit chercher ; il y trouvera aussi une foule d'indications pour le traitement.

Ce que le malade ne doit pas faire, ni noter, ce
sont toutes les petites douleurs qui le préoccupent,
mais rechercher leurs causes, leur provenance. Nous
sommes loin « des petits papiers » des neurasthéniques ; cette analyse doit être un travail utile qui

finit par intéresser le malade, car il y note ses expériences et les résultats obtenus.

Pour obtenir un état de conscience un peu complet, le malade au début recherchera l'état de son cerveau.

États du cerveau

Au point de vue du contrôle nous distinguons deux états du cerveau :

1° *État actif* ;

2° *État passif*.

État actif. — Nous entendons par état actif le cerveau à l'état normal. Ce qui peut arriver aussi par instant chez l'incontrôlé, au point de vue fonctionnel contrôlé par la main, c'est la vibration régulière, rythmée, sans à-coups ; psychiquement c'est le cerveau à l'état conscient et contrôlé soumis à la volonté.

On pourrait l'appeler aussi état positif : le malade le comprend mieux ; dans ce cas, il sent ce qu'il pense, ce qu'il fait, il veut ce qu'il fait, c'est donc le cerveau sans angoisse, sans craintes, sans idées anormales.

État passif. — L'état passif représente toutes les variétés d'incontrôle du cerveau. Il peut être conscient, mais jamais volontaire, c'est-à-dire dirigé par la volonté. Psychiquement, il est caractérisé par une réceptivité spéciale, porte ouverte à toutes les défaillances, à toutes les obsessions, à toutes les phobies. Tous ces symptômes psychiques n'existent que dans l'état passif; c'est donc l'état maladif par excellence. Pour donner l'idée au malade de ce que peut être l'état passif, nous en indiquons les principales variétés, en partant de la forme la plus proche de l'état actif.

1) *le rêve, semi-conscience, fatigue ;*

2) *le vagabondage cérébral (Wander) ;*

3) *la surexcitation ;*

4) *la confusion ;*

5) *l'anxiété (Worry)*

6) *la dépression ;*

7) *l'angoisse.*

Chaque malade représente un type spécial, c'est-à-dire que l'un aura plus de surexcitation ou de confusion, l'autre plutôt de la dépression ou de l'angoisse. Mais presque tous en connaissent tous les degrés de l'état passif.

Ces différentes variétés ont leur vibration particulière et l'on peut facilement distinguer à la main, par exemple l'état de rêve de la surexcitation ou le simple vagabondage de l'anxiété.

Cette classification à surtout pour but de faciliter la recherche de l'état passif qui une fois reconnu peut être modifié. Nous sommes bien persuadés que la grande difficulté qu'a le psychasthénique de se guérir provient surtout de ce qu'il ne sait pas ce qu'il a, qu'il ne le comprend pas et que même s'il le comprend il n'a pas la possibilité de se changer. Donnons lui donc, par l'état de conscience, *la connaissance*, par la rééducation, les armes pour se guérir.

L'état de conscience est une condition *sine quâ non* de l'état de contrôle parfait. Mais un fait curieux à constater, c'est qu'il suffit dans certains cas pour le malade d'avoir l'état fonctionnel conscient, c'est-à-dire qu'il lui suffit de se rendre compte s'il a une vibration anormale et de la modifier par un exercice pour arriver à la guérison sans s'occuper de l'idée en elle-même.

Cette guérison mécanique pour ainsi dire ne sera pas si parfaite qu'une rééducation complète, mais le malade s'en contente parce qu'il peut éliminer ses symptômes et se sent maître d'eux.

4.

CONCENTRATION

L'état conscient déterminé, nous passons à la seconde qualité essentielle du contrôle, qui est la concentration.

DÉFINITION. — La concentration est la faculté de pouvoir fixer sa pensée sur un point donné, de suivre le développement d'une idée sans se laisse distraire, simplement de pouvoir s'abstraire dans une lecture, dans un travail quelconque. Cette faculté manque au plus haut point chez tous les incontrôlés.

Nous allons donc décrire les exercices que nous employons pour acquérir de la concentration.

1er EXERCICE. — Au début, la concentration sur une idée est trop difficile, aussi nous donnons comme premier exercice de suivre mentalement une courbe quelconque, si vous voulez, de dessiner dans le cerveau par exemple le 8 ou plutôt le signe de l'infini géométrique.

On ne pourrait guère supposer qu'un si simple

exercice puisse offrir une difficulté et pourtant bien

des malades sont incapables de le faire correctement

Si l'exercice est bien fait la main perçoit une
double ondulation régulière, mal fait on se rendra
compte qu'il y a des interruptions en cours de
route presque toujours immédiatement après les
courbes extérieures.

Le malade du reste s'en aperçoit lui-même avec
un peu d'attention.

II⁰ Exercice. — Priez votre patient de suivre le
pendule d'un métronome, en répétant mentalement
le tic-tac par exemple 10 à 15 fois desuite au début,
puis vous augmentez progressivement la durée de
l'exercice.

III⁰ Exercice. — Habituez-le aussi, s'il touche
un objet, à garder l'impression reçue un certain
temps.

Dans ces trois exercices nous cherchons donc la
concentration mentale de la vue, de l'ouïe, du
toucher.

IV° EXERCICE. — Concentration sur un point donné. Dans cet exercice, le malade cherchera à déterminer mentalement la sensation exacte de sa main droite, puis de sa gauche, il passera ensuite au pied droit et au pied gauche. Il fera de même les coudes, les genoux, les oreilles, les différents doigts, etc.

En réalité, pour déterminer la sensation exacte, le malade est obligé de fixer sa pensée bien réellement sur le point indiqué, et l'avantage de cet exercice, c'est que le malade peut contrôler lui-même s'il est juste. La concentration bien faite donnera au bout de peu de jours une sensation particulière que le malade pourra aisément reconnaître ; c'est parfois un picotement, parfois un léger choc ou l'impression que le sang se dirige vers l'endroit désigné.

Le contrôle fait avec la main donne au médecin une vibration plus accentuée à droite quand le malade pense sa main droite, à gauche, quand c'est la main gauche.

V° EXERCICE. — Le médecin place son doigt sur un muscle quelconque et demande au malade de fixer sa pensée sur le point touché. Si la concentration est bonne, le médecin ressentira sous son doigt une légère contraction musculaire; remarquons qu'il faut attendre souvent quelques secondes pour s'assurer du résultat.

Les exercice   e nous venons de décrire sont faciles et on peut les varier à l'infini, nous ne citons ici que les plus habituels.

VI• EXERCICE. — Concentration sur le chiffre I; celui-ci présente souvent une réelle difficulté et nous avons vu bien des malades mettre des semaines avant de pouvoir le réussir correctement, quoique au premier abord il paraisse très simple.

Il s'agit d'écrire et de prononcer mentalement le chiffre I trois fois de suite sans aucune pensée interférente. De plus, entre chaque I écrit et dit mentalement, il doit y avoir un intervalle de repos de 1/2 à 1 seconde exemple :

I repos   I repos   I repos

Il n'est pas nécessaire de garder la vision mentale du *un* pendant le repos.

De cette façon nous fixons durant le temps de l'exercice, la vue, la parole, même l'ouïe mentale, car en parlant mentalement on entend mentalement puis nous avons en plus l'acte mental d'écrire qui occupe aussi le cerveau.

Dès que le malade est arrivé à le faire correctement 3 fois vous augmentez le nombre soit 4, 5, 6, 7, fois de suite. Le malade qui peut le faire 7 fois a une concentration très suffisante.

Voyons, fonctionnellement parlant, comment le cerveau doit s'y prendre. Pour commencer il doit par la volonté suspendre tout travail cérébral, puis il écrit le 1, le parle, l'entend mentalement en même temps.

Tout doit s'effacer une seconde, et il recommence, c'est donc au fond une reconcentration qu'il doit faire plusieurs fois de suite. Il est à remarquer que si le repos n'existe pas, entre les 1, la difficulté disparaît, mais aussi l'exercice n'a aucune valeur.

Cet exercice oblige le malade à prendre possession de son cerveau d'une façon complète, c'est pourquoi il est difficile.

Le contrôle du médecin pour cet exercice est indispensable, car le malade ne se rend guère compte, au début, de ses erreurs.

La courbe d'une bonne concentration est la suivante :

Chaque I donne un choc net, puis succède une

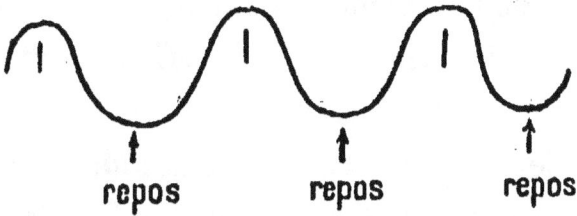

repos   repos   repos

détente qui est la période de repos.

Mal faite elle donnera :

On ne doit pas attribuer à la vision mentale du I une importance trop grande, quelques malades du reste ne parviennent jamais à l'avoir, elle peut être utile au début, mais plus tard on peut la laisser de côté et se borner à la sensation qu'on l'écrit, qu'on le parle et qu'on l'entend.

L'on pourrait naturellement, pour cet exercice, choisir tout autre numéro, soit un trait quelconque, soit un point. Si nous avons choisi le *un* c'est qu'il habitue le malade à l'idée même de la concentration, c'est-à-dire que l'esprit, pour être concentré, doit être fixé sur une chose, sur une idée, sur un fait.

Il passera donc plus facilement de cette forme de concentration, mécanique pour ainsi dire, à la concentration vraiment psychique. Comme moyen de transition, nous lui recommandons de chercher à rassembler mentalement toutes ses idées et de les fixer pour ainsi dire sur le *un*. C'est-à-dire que le malade prononce mentalement *un*, quand il se sent sûr que toutes ses pensées sont ramenées à une seule pensée.

Il peut se figurer graphiquement l'exercice par exemple en imaginant un cercle dont tous les rayons (pensées) aboutiraient à I.

Chaque malade a sa conception particulière pour arriver à ce résultat, les uns s'imaginent qu'ils resserrent leur cerveau jusqu'à ce qu'il n'y ait plus place que pour une idée, d'autres au contraire éliminent toute idée autre que le *un*.

Peu à peu le patient avec un peu de persévérance arrive à se convaincre qu'il peut fixer sa pensée pendant un espace de temps déterminé, si court soit-il. Ce point acquis, qui lui sera un précieux appui dans la lutte, n'est pas suffisant, il faut qu'il puisse se concentrer quand *il le veut*.

Cette condition est certes plus difficile ; pour l'at-

teindre, le patient doit s'entraîner à éviter les dis-
tractions. Les exercices qu'il fera pour cela au
début dans la solitude, il apprendra à les faire,
entouré de monde, au milieu du bruit ; de cette
façon il augmentera la certitude qu'il a de pouvoir
se concentrer quand il le veut, il ne l'aura du reste
complète que dans la lutte, quand il aura, par une
concentration, arrêté une angoisse, écarté une
phobie.

Admettons maintenant que le malade ait acquis
ce point là ; nous pouvons faire un pas de plus et
nous lui demanderons de se concentrer sur une
idée.

Concentration sur l'idée.

Le malade cherchera dans cet exercice à développer mentalement une idée quelconque, à résou-
dre un problème, à résumer par écrit une lecture
ou bien encore à écouter une conversation, une
conférence un temps déterminé, en s'efforçant de
n'avoir aucune distraction, c'est-à-dire en arrêtant
instantanément toute idée étrangère au sujet dont
il s'occupe.

Le malade n'arrivera à un résultat pratique que

peu à peu, après de nombreux échecs et c'est surtout pour ne pas se décourager qu'il doit le faire
pendant un temps très limité et le considérer
comme un simple exercice.

L'erreur la plus fréquente au début est de se
demander si la concentration est exacte pendant
que l'on fait l'exercice. Cette constatation, presque
involontaire, que fait le malade interrompt naturellement la concentration et le trouble. Que le malade
se rende compte qu'il ne sera réellement concentré
que s'il fait l'exercice assez simplement.

Toute cette série d'exercices échappe au contrôle
direct du médecin, à part cependant la lecture at-
tentive que sa main perçoit comme une série d'ondulations régulières, pour le reste; nous sommes
obligés de nous en rapporter à ce que nous en dit
le malade et de le laisser à ses propres forces.

Comme contrôle de la concentration sur une
idée, nous avons cependant quelques exercices que
nous pouvons facilement vérifier par la main, car
la courbe obtenue en est très caractéristique.

Ce sont par exemple la **Concentration sur l'I-
dée de calme**.

Nous demandons pour cela au malade de chercher à déterminer dans son cerveau une sensation de calme, de tranquillité morale et physique. Comme moyen il évoquera mentalement une idée qui d'elle-même implique ce sentiment-là. Un artiste pensera à un tableau, à un paysage particulier, tel autre le trouvera dans un morceau de musique, ou encore dans un sentiment d'ordre élevé, dans la prière, etc. Ce sentiment obtenu, il cherchera à le maintenir par sa volonté toujours plus défini et plus prolongé. La vérification en est facile, car dès que le calme commence à se produire dans le cerveau, la main perçoit une modification dans les vibrations qui deviennent plus lentes et plus amples.

Concentration sur l'idée d'énergie. — Elle s'obtient par la même méthode en cherchant à ressentir sa force, en se rappelant telle occasion où l'on a été vraiment énergique.

Le malade cherchera à se pénétrer de ce que veut dire « énergie », de ce qu'elle peut être. Avec un peu de persévérance, cette sensation ne tarde pas à se définir dans le cerveau.

Elle se traduit sous la main par une série de vibrations volontaires : c'est-à-dire plus accentuées.

Concentration sur l'idée de contrôle. — Cette

concentration est la progression naturelle des deux précédentes, c'est une simple déduction. En effet, dès que le malade peut être calme ou énergique, quand il le veut, c'est qu'il peut se contrôler. Il n'aura donc pas grande difficulté à comprendre, à définir la sensation de contrôle.

Qu'il s'affirme seulement qu'il est contrôlé à ce moment là, cette affirmation, répétée et vraie, développera peu à peu le sentiment exact de cette faculté dont il a si besoin pour se diriger.

La vibration du contrôle est plus ample et plus forte que la vibration habituelle, ce n'est plus une suite d'impulsions comme le produit l'énergie, mais une série d'ondulations calmes, fermes, très régulières.

Il suffit au malade de déterminer au début cette sensation de calme, d'énergie ou de contrôle que quelques secondes, l'habitude aidant il augmentera toujours plus la durée de l'exercice, comme il s'appliquera à la rappeler plusieurs fois par jour, dans toute circonstance.

Qu'il en imprègne son cerveau, de façon à pouvoir la provoquer instantanément, il en verra toute l'utilité.

Cette même méthode peut s'appliquer naturellement à d'autres idées, à d'autres sensations, suivant ce que l'on veut chercher à modifier chez le malade et suivant les indications que présente la maladie.

EFFETS PHYSIOLOGIQUES
DE LA CONCENTRATION

Nous venons d'étudier ce que produit la concentration sur le cerveau, soit au point de vue mécanique, modifications des vibrations, soit au point de vue psychique. A côté de ces effets que nous venons de décrire, il existe un tout autre ordre de phénomènes intéressants et encore peu connus dont nous ne pouvons nous dispenser de parler.

Il s'agit des effets physiologiques que peut donner la concentration. Nous diviserons ces effets en 3 classes :

1) *Influence sur les vaso-moteurs ;*

2) — *sur les organes;*

3) — *sur le symptôme douleur.*

Effets constatés sur le système-vaso-moteur.

1) L'on connaît toutes les modifications vaso-motrices observées chez les nerveux, soit que la

maladie affecte les nerfs vaso-constricteurs (sécheresse de la peau, pâleur, engourdissement, sensation de froid, diminution des sécrétions), soit qu'elle
affecte les vaso-dilatateurs (transpirations profuses, rougeurs, etc.).

Tous ces symptômes se modifient sous l'influence
de la concentration qui agirait, semble-t-il comme
régulatrice de ces fonctions. Ainsi, nombre de nerveux ont les extrémités glacées et, sous l'influence
d'une concentration de quelques minutes, les malades entraînés arrivent facilement à réchauffer
leurs pieds et leurs mains. La sensation d'engourdissement, si pénible au réveil chez certains neurasthéniques, disparaît de même par cette méthode,
sans avoir besoin de faire des mouvements.

Nous avons pu ainsi supprimer des sueurs profuses, diminuer et faire disparaître des sécrétions
exagérées, des rougeurs, etc.

Au point de vue des organes, nous avons noté
les effets suivants :

2) *Cœur*. — Augmentation ou diminution des
battements, de même pour le pouls. Un malade
nous a donné, pendant une concentration d'une
minute, 50 pulsations de moins.

Poumons. — Régularisation de la respiration.

Estomac. — Disparition des spasmes.

Intestin. — Augmentation des mouvements péristaltiques, régularisation des selles.

Oreille. — Diminution ou disparition des bruits de l'oreille, dans un cas augmentation très nette de l'acuité auditive.

3) La douleur est le symptôme peut-être le plus influençable, et l'on arrive par ce procédé à faire disparaître presque toutes les douleurs nerveuses. Il semblerait à première vue que l'attention du malade se portant sur un point douloureux tendrait à augmenter cette douleur ; en réalité, cela n'est pas ; en effet, dans une concentration vraie, le cerveau, au lieu de recevoir une impression douloureuse, envoie au contraire un influx normal sur le point malade.

On peut prouver cette manière de voir par la simple expérience suivante.

Pincez même fortement une partie quelconque du corps et demandez au malade de se concentrer sur le point pincé ; si la concentration est bien faite la sensation de pincement disparaîtra nettement au moment où l'influx nerveux normal arrive au point indiqué.

Dans toutes ces expériences, le malade n'a pas à s'occuper de ce qu'il veut obtenir ou chercher, il n'a qu'à penser à l'organe ou au point qu'il veut influencer.

Ces phénomènes obtenus ne rentrent pas à notre avis dans le domaine de la suggestion ou de l'auto-suggestion, car ils se produisent indépendamment de toute idée ou de volonté du malade. C'est un champ d'expériences encore bien inexploré, qui, certes, donnera encore d'autres résultats que ceux que nous venons de décrire.

ÉLIMINATION. DÉCONCENTRATION

Nous avons appris au malade, par la concentration, comment il doit fixer sa pensée ou son idée; nous lui montrerons maintenant l'opposé, c'est-à-dire le moyen de faire disparaître une pensée de son cerveau.

Le moyen habituellement recommandé au malade est simplement de penser à autre chose. Ce procédé, qui paraît si simple à l'homme normal, est généralement impossible au neurasthénique, tout ce qu'il arrive à faire c'est de la fixer davantage. Il doit donc apprendre auparavant à l'éliminer en attaquant franchement l'idée qui le préoccupe.

Comme procédé de dressage, le plus simple est le suivant :

Le patient choisit 3 à 5 objets différents qu'il place à côté les uns des autres sur une feuille de papier blanc, puis après s'être bien rendu compte

5.

des objets qu'il a devant lui, il en élimine un, en le mettant de côté. Il fera bien, à ce moment, de fermer les yeux et de savoir si réellement, mentalement il a éliminé l'objet en question; c'est là la chose principale.

Puis il fera disparaître un second et un troisième, et ainsi de suite jusqu'à ce que tous les objets soient enlevés. Si l'opération a été bien faite, le patient n'aura mentalement que la vision d'une feuille de papier blanc sans aucun objet.

Cette expérience, qui peut paraître bien enfantine, donne, en la répétant souvent, l'habitude au cerveau de l'élimination, et n'est pas sans valeur.

II° Expérience. — Faites écrire mentalement deux ou trois chiffres. Le malade doit les effacer successivement et aucun chiffre ne doit après rester dans le cerveau.

III° Expérience. — Présentez deux objets au malade et dites-lui d'éliminer un des deux et de garder l'autre mentalement.

La même chose avec deux chiffres, deux mots, deux phrases.

Il est facile de contrôler avec la main si l'exercice est bien fait ou non. Quand vous demandez à un

malade d'écrire mentalement, par exemple, 3 et 5.
Le chiffre 3 s'inscrira, c'est-à-dire que vous sentirez
sa vibration à droite sur le front et le 5 sur la partie gauche. Admettons que le malade élimine le 3
et garde le 5, ce sera donc à gauche que vous trou-
verez la vibration.

Le même phénomène se produit pour deux objets, l'objet à droite du malade s'inscrira à droite,
celui de gauche à gauche. Il est intéressant de constater que les nerveux font l'opposé de ce qu'ils
devraient faire, et au début du dressage c'est toujours le chiffre ou l'objet qu'ils veulent éliminer
qu'ils fixent dans leur cerveau.

L'on peut donc comprendre pourquoi une idée
obsédante chez les nerveux est difficile à éliminer.

Nous utilisons aussi un autre procédé d'élimination, que nous appelons déconcentration du fait
qu'il est l'opposé de la concentration sur le chiffre 1. Le malade, dans ce cas, doit arriver, après
s'être concentré sur le chiffre en question, à l'éliminer *volontairement* et peu à peu, nous insistons
sur ce point, car, dans aucun cas, le chiffre ne doit
disparaître sans l'assentiment du malade.

Voici comment il s'y prendra :

1) Il écrira mentalement le chiffre en caractères toujours plus petits jusqu'à sa disparition complète ;

2) Il peut aussi se le figurer s'éloignant toujours plus et devenant imperceptible ;

3) Au lieu d'éloigner le 1 le malade augmentera progressivement les intervalles de repos qui doivent exister dans la concentration. Ce repos sera de 1 seconde, puis de 2, 3, 4 secondes ; il est entendu que dans l'intervalle le malade doit éliminer toute idée ;

4) Dans ce dernier procédé, après une 1re concentration sur le 1, on met le cerveau au repos, qu'on prolonge autant que possible ; dès qu'une pensée se présente, on l'écarte par une nouvelle concentration sur le 1, et ainsi de suite.

Ces deux dernières expériences ont en plus l'avantage d'habituer le cerveau au repos. Cet état cérébral, dès qu'il est assez prolongé, amène presque forcément le sommeil et constitue ainsi le meilleur remède contre l'insomnie.

LA VOLONTÉ

Avec la volonté nous sommes au point capital du dressage, car c'est là que gît la force qui permettra au névropathe d'utiliser à nouveau les facultés qu'il avait perdues.

Le premier fait qui frappe c'est que la volonté intrinsèque existe en tant que force chez chaque individu, normal ou neurasthénique, même chez l'aboulique. Ce n'est donc pas tant la volonté qui manque chez ce dernier, mais la faculté de l'utiliser, la façon de l'employer.

Nous allons tout d'abord définir ce que c'est que la volonté et pour cela nous nous baserons, en premier lieu, sur ce que nous observons dans le cerveau, dès que la volonté entre en action.

Voici ce que l'on constate : Dès que l'homme *veut vouloir* ou se *décide à vouloir*, on a l'impression d'une sorte de déclanchement soudain dans le cerveau et la vibration double ou triple d'intensité suivant la quantité de volonté émise, telle que le rend la figure ci-après.

Volonté

L'augmentation de vibrations est plus ou moins durable, mais existe toujours dès que la volonté entre en jeu ou est utilisée.

Nous appuyant sur ce fait toujours constant, nous définirons la volonté, comme une force, une énergie spéciale, propre à chaque individu, indépendante de toute idée, qui se manifeste sous certaines conditions que nous définirons ultérieurement. Cette force existe donc dans chaque individu, fait corps avec lui tant qu'il existe. Utilisée d'une façon normale, elle augmente d'intensité et diminue dans l'inaction ; cependant, comme toute force, elle a ses limites et sa durée, et peut aussi avoir besoin de repos.

Cette force est donc latente, elle ne se manifeste

par une augmentation dans la vibration qu'au moment où l'homme veut vouloir et cette mise en action de la volonté c'est ce que nous appelons :

L'EFFORT DE VOLONTÉ

L'effort de volonté, qu'on pourrait aussi justement appeler essor de la volonté, consiste si l'on veut à simplement ouvrir le robinet d'un réservoir d'énergie ; l'énergie qui en découle allant s'appliquer soit à un acte, soit à une idée ou un sentiment. Voilà le fait ramené à sa plus simple expression.

Cette force agit en coup de fouet, d'une façon passagère, mais peut se renouveler. Son intensité est réglée par le besoin du moment chez l'homme normal, car il y a contrôle de l'émission de la volonté comme de toute autre chose.

Dans toute insuffisance de contrôle nous avons à nous occuper non seulement de la volonté qui peut être amoindrie par l'inaction, mais surtout de son utilisation qui est toujours défectueuse : le réservoir peut avoir des fuites ou l'incontrôlé ne sait se servir de son énergie.

Quelles sont les conditions de la mise en action de la volonté ? elles sont naturellement les mêmes chez l'homme normal et chez l'homme à contrôle insuffisant, et nous pouvons les considérer sous deux point de vue.

Premièrement au point de *vue mécanique* le moins important, mais que l'on doit aussi connaître.

Voyons à ce propos ce qui se produit dans toute émission de la volonté.

1. L'effort de volonté n'est jamais fait dans l'expiration, il existe un temps d'arrêt, comme si le cerveau cherchait un point d'appui dans l'air contenu de la poitrine.

2. On note une tension plus ou moins accentuée du pouls et une accélération de la circulation cérébrale.

3. Il existe presque toujours une contraction musculaire. Voilà le côté mécanique de l'effort.

Pour nous rapprocher le plus possible de la réalité et reproduire chez le malade les mêmes conditions ; nous lui faisons faire l'exercice suivant

Il inspirera une certaine quantité d'air qu'il gardera l'espace de 2 à 4 secondes et avant l'expiration dira mentalement : « Je veux » en contractant ses poings par exemple.

Il aura ainsi rempli les conditions mécaniques, soit : le point d'appui par l'air qu'il garde dans la poitrine ce qui augmente aussi la tension du pouls, et la circulation.

Le « Je veux » peut se rapporter à un acte à faire, une décision à prendre, ou simplement se dire « je veux vouloir ».

Il importe de ne pas mettre trop d'importance à cette « mise en scène » de la volonté, il suffit que le malade la connaisse pour la répéter inconsciemment après quelques exercices.

Nous arrivons maintenant aux conditions phsychiques, sans lesquelles il n'y a pas d'émission de volonté.

Celles-ci sont au nombre de trois.

1) *Savoir ce que l'on veut* ;

2) *La possibilité de ce que l'on veut* ;

3) *La sincérité et la vérité du vouloir.*

Savoir ce que l'on veut. — Sans pensée définie, il n'y a pas de mise en action de la volonté. Précisons donc d'une façon absolue la nature, le but du vouloir. L'on croit souvent savoir ce que l'on veut, sans se rendre compte que l'idée est trop floue, imprécise. Dans ce cas l'esprit ne peut se fixer sur une idée qui n'a pas de corps et le résultat est nul. Prenons donc l'habitude de formuler par une phrase représentant exactement ce que l'on veut vouloir ; bien souvent l'on s'apercevra combien l'idée était vague et qu'au fond l'on ne savait pas ce que l'on voulait.

La possibilité du vouloir. — Ce second facteur se comprend facilement, il est inutile de vouloir une chose impossible, l'esprit le conçoit et le sait trop bien pour donner un effort qu'il sait devoir être stérile.

Cependant il faut remarquer qu'un acte peut paraître impossible au malade et cependant à l'examen de la main il y émission d'énergie. On peut dans ce cas être sûr que l'esprit en conçoit la possibilité ; la même constatation peut être faite en sens inverse, l'esprit se refuse à admettre un fait que le malade croit être exécutable.

Il faut se rendre compte que lorsque le cerveau envisage la possibilité d'une action ou la non-possibilité, il se fait en sorte une question qui est résolue, semble-t-il par une seconde conscience, c'est

ce que nous voulons dire en parlant du malade et
l'esprit.

Sincérité et vérité du vouloir. — Des trois
conditions psychiques, de l'effort de volonté, la sincérité du vouloir est encore celle qui fait le plus
souvent défaut et je ne crois pas exagérer en attribuant au manque de vérité la plupart des échecs de
la volonté.

Les causes en sont multiples, nous avons d'abord
le doute qui paralyse, la crainte d'un effort, même
parfois une sorte de souffrance d'avoir à vouloir ;
puis nous avons la classe nombreuse des gens qui
se trichent, les uns inconsciemment, les autres le sachant bien, mais qui, par faiblesse ou lâcheté morale, se dérobent au dernier moment. Les inconscients pour la plupart se contentent de « l'essai du
vouloir », c'est-à-dire qu'ils veulent bien, mais sans
se décider à vouloir. Ceux-là se corrigent facilement quand on leur a montré leur erreur.

Quant à l'autre classe, le résultat est plus difficile à obtenir, il est en effet dur de devoir reconnaître que l'on ne veut pas réellement, on se retran-
che si facilement derrière les difficultés souvent
réelles de l'effort de volonté.

Il importe donc avant tout d'être vrai, sincère avec soi-même et l'effort de volonté donnera le résultat cherché.

Nous devons cependant aussi reconnaître qu'à côté des personnes qui se trompent plus ou moins sciemment, il existe des malades, surtout quand ils le sont dès leur enfance, chez lesquels la notion de l'effort de volonté est entièrement abolie, et on peut le comprendre si l'on songe que durant ces longues années de souffrances ce n'était qu'une lutte stérile.

Ces échecs toujours renouvelés, où l'essai de volonté n'était synonyme que de fatigue et même d'angoisse, finissent par annihiler toute sensation de volonté si bien qu'ils ne peuvent même comprendre qu'elle puisse exister chez les autres.

Ceux-là ne *savent pas vouloir*, mais toujours en ce sens qu'ils ne savent pas utiliser leur volonté.

Nous connaissons donc les trois facteurs principaux de l'émission de la volonté, voyons maintenant comment nous allons les utiliser pour la rééducation de cette faculté.

Le premier pas à faire, c'est que le malade ait la conception, le sentiment exact de l'acte volontaire.

Pour cela nous prenons le mouvement le plus simple, celui qui nécessite le minimum d'énergie chez le malade, par exemple le fait de vouloir se lever, marcher, plier un bras, etc.

Il faut donc qu'il se rende compte, comme nous l'avons dit dans le contrôle des actes que c'est bien sous l'impulsion de sa volonté qu'il se lève, qu'il marche. Ce point déjà doit être déterminé d'une façon parfaite, car si faible l'émission soit-elle, elle est déjà un réel effort.

Puis il s'agit de graduer avec méthode la dépense d'énergie que fera le malade. Au début nous n'exigeons qu'un acte, de durée limitée à quelques secondes et presque simultané avec la mise en jeu de la volonté.

Peu à peu nous augmentons les difficultés en demandant au malade de faire un acte qui lui coûte davantage et de plus longue durée, exemple : écrire une lettre, et même de prendre une décision et de l'exécuter dans un délai fixé. Il doit se rappeler qu'au début c'est une force très passagère et qu'il doit profiter de cette énergie pendant qu'elle existe ; de plus, que tout ce qu'il décide doit être tenu, sinon il n'aura aucune confiance en lui-même.

Le rôle du médecin est d'être attentif à ce que les actes volontaires ou les décisions à prendre soient toujours subordonnés à la dépense d'énergie que le malade peut donner sûrement. Il n'est pas prudent d'attaquer un symptôme maladif avant que le malade ne soit pour ainsi dire sûr de son effort de volonté. Généralement le malade arrive assez vite à juger son effort, à savoir s'il est exact, à ressentir l'énergie qui se développe.

Dans tout cas douteux ou qui peut, pour le malade, présenter une difficulté, le médecin doit procéder de la manière suivante.

La 1re QUESTION que le patient se posera est celle-ci :

a) **Je veux essayer de vouloir** (tel acte telle chose). — Il suffit de la sincérité du malade et que sa pensée soit assez définie, pour que l'effort soit facile, en effet il n'aura pas à lutter contre le doute, ni à s'occuper de la réussite, on lui demande un simple essai.

2e QUESTION.

b) **Puis-je vouloir** — en déterminera la possibilité.

3e QUESTION.

e) Je veux vouloir ou je me décide à vouloir — est la suite naturelle de l'essai et de la possibilité, elle affirme la décision et constitue l'effort complet de la volonté.

Ces trois questions constituent pour le malade un vrai examen de conscience de la volonté et peut leur être fort utile. Au début, comme résultat contrôlé par le médecin, l'essai est généralement bon, la possibilité est dubitative et le « Je veux vouloir » n'existe pas.

Après quelque temps de dressage la possibilité s'affirme. Mais le « Je veux vouloir » reste le plus difficile à obtenir.

L'effort de volonté ne doit non seulement être appliquée aux actes, mais aussi à l'idée abstraite, aux sensations, aux sentiments. Il faut donc par le même procédé habituer le malade à émettre sa volonté en disant mentalement par exemple: Je veux me dominer ! Je veux être énergique ! ou aussi : Je veux vouloir ! simplement pour réveiller la sensation du vouloir.

Dans certains cas, comme moyen adjuvant, il est utile de chercher dans les souvenirs du malade ce que l'on pourrait appeler « l'expression de sa volonté » qu'il se remémore un acte énergique qu'il a fait. Il est en effet curieux de constater que chaque individu réalise d'une façon *différente sa volonté*. Tel malade la retrouve mieux dans une idée abstraite, tel autre dans un acte à exécuter, un troisième dans un sentiment affectif.

Je me souviens d'un orateur la retrouvant dans l'évocation d'un discours et d'un spéculateur en pensant à une spéculation hasardeuse. Cela dépendra du tempérament, des habitudes, de la vie du malade.

ERREURS

En décrivant les facteurs importants de l'effort de volonté, nous avons déjà passé en revue certaines erreurs que commet le malade, telles que le manque de sincérité, idée non suffisamment définie, impossibilité de l'acte à accomplir, etc. Nous devons en outre appeler l'attention du patient sur la confusion fréquente qu'il fait entre le désir, l'intention et la volonté.

Le désir ou l'intention même très vifs ne donnent pas par eux-mêmes l'émission de l'énergie, ils peuvent pousser à l'effort, mais fort souvent restent à l'état platonique.

Mécaniquement ils donnent une certaine tension cérébrale sans augmentation de vibrations.

Le désir ou l'intention est donc au point de vue vibration une fausse volonté qui est souvent dangereuse puisqu'elle trouble le malade. Celui-ci a l'illusion de l'énergie, mais jamais le résultat qu'il attend. Cette erreur peut être difficile parfois à modifier quand le malade ne comprend ou ne sent pas la différence entre *je voudrais bien* et *je veux*. Il croit ou il met réellement une certaine énergie dans son intention de vouloir et il est souvent fort stupéfait de n'avoir pas voulu.

Nous pouvons en être certain si, par la main, nous ne constatons aucune augmentation dans la vibration; s'il ne s'est pas produit ce déclanchement que donne la décision de la volonté. Pour le lui prouver, il faut changer l'idée volontaire jusqu'à ce qu'il en trouve une qui donne l'essor à la volonté. Vous lui faites alors chercher immédiatement la différence entre les deux actes. Le vrai effort lui semblera plus simple, plus calme. plus vrai. Il y a presque constamment une sensation de repos après

Vittoz   6

la mise en action et de plus l'exécutant a moins l'idée d'avoir eu à faire un effort.

Ce sont ces légères différences que le malade sent mieux qu'il ne les explique, qui lui donneront la sensation exacte de l'effort de volonté.

Pourquoi le malade placé entre deux alternatives ne peut-il se décider à vouloir?

L'erreur du malade dans ce cas est de trop peser toutes les considérations qui militent en faveur de l'une ou de l'autre. Les raisons principales s'effacent, les secondaires arrivent au premier plan et faussent son jugement, il ne trouve en lui-même plus de motifs suffisants pour déterminer sa décision.

L'impression primitive étant de règle la meilleure, puisqu'elle renferme les éléments capitaux d'une bonne décision, c'est sur celle-là que le malade fondera son opinion qui doit lui donner la raison du vouloir.

D'une façon générale, habituons le malade à prendre rapidement une décision dès que l'idée du vouloir est nettement définie, car pour peu qu'il tarde, il accumulera objections sur objections, se perdra dans des considérations secondaires et finira souvent même par ne plus savoir ce qu'il voulait.

ROLE DE L'EFFORT DE VOLONTÉ
DANS LE CONTROLE INSUFFISANT

L'importance de la volonté dans sa rééducation du contrôle est capitale; bien utilisée elle peut tout modifier, c'est elle qui donne au plus haut point la maîtrise de soi, oblige l'inconscient à rester dans ses limites normales. C'est elle qui donne la confiance, le courage; en un mot elle peut tout, parce que par la volonté on contrôle tout.

Psychiquement, toute idée incontrôlée passive devient active, contrôlée sous son influence. Tous les symptômes mentaux disparaissent dès que l'influence de la volonté les atteint. L'angoisse que vous appelez volontairement s'évanouit; les phobies les plus fortes ne font aucune impression.

On peut donc dire qu'un malade qui sait utiliser sa volonté est un malade guéri.

Dès que le malade a pris l'habitude d'utiliser sa volonté, elle devient en quelque sorte automatique. surtout quand il s'agit de l'insuffisance du contrôle et constitue ce que nous appelons la *Reprise mentale.*

Il serait dur, pour un psychasthénique, de se dire

que, sa vie durant, il serait obligé de faire un réel effort chaque fois que son cerveau tendrait à redevenir passif.

Ce n'est heureusement pas le cas, le cerveau bien entraîné exécute cet acte presque sans l'assentiment du malade, par la simple conscience qu'il va tomber, *il se reprend* sans effort conscient du patient ; cette reprise mentale est un véritable effort de volonté que l'on peut constater à la main et qui donne toujours une augmentation dans l'intensité des vibrations.

Pour certains malades cette reprise mentale leur donne la sensation d'un effort mécanique. Tel malade vous dira qu'il soulève son cerveau, tel autre qu'il opère un mouvement de bascule. Ce qu'il y a de curieux, c'est qu'ils n'ont pas l'idée d'utiliser leur volonté, ce n'est qu'un mouvement de défense, une réaction contre la passivité.

Quand la reprise mentale revêt cette forme mécanique elle n'est pas sûre, le malade peut un beau jour ne pas retrouver le mouvement qui le soulageait, au contraire la vraie reprise mentale est un garant que le contrôle est plus stable et que l'habitude du contrôle s'établit.

TRAITEMENT PSYCHIQUE

Avec la rééducation de la volonté, nous avons terminé le traitement fonctionnel, mécanique du cerveau. Le malade a en mains des armes suffisantes pour se guérir, il sait en effet modifier une vibration anormale; il peut se concentrer, il peut utiliser sa volonté; il ne lui reste donc qu'à créer de nouvelles habitudes mentales en surveillant son contrôle. Il peut être sûr que l'équilibre cérébral se rétablira par la simple application des procédés qu'il connaît.

Dans bon nombre de cas simples, le traitement peut être borné au traitement fonctionnel, dans d'autres plus compliqués, il est nécessaire parfois d'un complément d'instruction plus particulièrement psychique, puisque nous estimons que le mécanisme est connu.

Cette seconde partie du traitement s'adressera à l'idée, à la conception de la pensée, aux différentes

6.

modifications que l'état maladif imprime à l'esprit et comment il dénature les faits, les idées, les sentiments.

Nous ne l'étudions pas à un point de vue général. Mais seulement au point de vue de notre traitement, rappelant au lecteur qu'il ne s'agit ici que d'un simple traité rendu aussi pratique que possible et destiné aux malades. Nous nous bornons donc à mettre en évidence certains faits, certaines anomalies qu'il est utile de connaître, car on les rencontre dans chaque cas de psychasthénie.

Ces modifications sont reconnues facilement par le médecin durant le traitement fonctionnel et par le malade par l'analyse des différentes causes déterminant régulièrement un symptôme, ainsi la crainte d'une douleur la faisant immédiatement apparaître. Généralement le malade peut se rendre compte que l'idée précède le symptôme et le détermine, mais fort souvent aussi la cause psychique lui est totalement inconnue ; c'est donc cette recherche de l'origine psychique des symptômes que le médecin doit faire avec soin, car une fois connue du malade celui-ci peut au moins se défendre et arrêter les symptômes avant qu'ils apparaissent.

Comme nous l'avons dit, les différentes causes psychiques se retrouvent assez facilement, mais il faut quelquefois les chercher dans la vie passée, dans les souvenirs du malade.

Nous étudierons dans le chapitre suivant certaines de ces causes pour en faire comprendre leur importance.

CLICHÉS

Il n'est pas de psychasthénique qui ne présente dans le cours de la maladie certains symptômes apparaissant brusquement sous certaines conditions et dont, au premier abord, la cause paraît inexplicable. Cela peut être un malaise, une peur, une angoisse comme aussi un symptôme physique, douleur, vertige, nausées, palpitations.

Cette cause inexplicable n'est au fond qu'une impression ancienne, cristallisée pour ainsi dire dans le cerveau, qui reproduit toujours le même symptôme par un mécanisme inconscient du malade; elle est donc presque toujours ignorée du patient ou, s'il la connaît, il ne lui attribue pas les symptômes qu'elle produit. Nous lui donnons le nom de *cliché* du fait de sa persistance.

En voici du reste quelques exemples :

1° Mme N... souffre depuis une dizaine d'années d'une affection de l'estomac caractérisée par des vomissements à l'heure des repas ; elle n'a aucune affection organique, et ne trouve en elle-même aucune raison plausible à ce symptôme. Après une recherche minutieuse dans ses souvenirs, elle trouve qu'elle a eu 10 ans auparavant une émotion violente au moment du repas ; le rappel de ce souvenir lui provoque du reste instantanément une nausée ; le cliché était trouvé et le symptôme guéri.

2° M. B... présente avec les symptômes habituels de la psychasthénie le fait suivant. Régulièrement après 20 minutes de marche il est pris de sueurs profuses ; ses jambes tremblent ; il est forcé de s'asseoir un certain temps, avant de pouvoir reprendre sa marche. Nous trouvons que ce phénomène date de sept ans et que très probablement il provient d'une attaque de grippe qui l'avait tenu au lit durant trois semaines. Sa première promenade lui avait bien naturellement provoqué ce symptôme qui s'était donc continué sans raisons. Il disparut du reste dès que le cliché fut reconnu par le malade.

3° Citons encore le cas de M. L.., souffrant de

palpitations dès le moindre effort et cela depuis plusieurs années dont nous retrouvons la cause dans une consultation médicale où le praticien lui avait recommandé de faire attention à son cœur. Les palpitations disparaissent dès que le malade se fut bien rendu compte de leur point de départ.

Nous pourrions multiplier les exemples, car presque chaque malade a un certain nombre de clichés plus ou moins accentués.

Le cliché peut être la cause non seulement de phénomènes tels que vomissements, diarrhée, etc., mais aussi de symptômes psychiques surtout d'un état de crainte, de malaise moral et d'angoisse. Le réveil du cliché se produit généralement par un souvenir insconcient du fait primitif, sans que l'on puisse trouver de relation entre ce fait et le symptôme du malade quand il se reproduit, ou du moins il est impossible de se rendre compte par quelles déductions le cerveau y arrive. Dans certain cas on peut cependant aussi le retrouver ; témoin le fait suivant :

Un de mes malades ne pouvait voir ou entendre le chiffre 3 sans ressentir une angoisse violente. Ce fut par un hasard que nous trouvâmes la clé, un parent auquel il était très attaché avait eu un accident plusieurs années auparavant, le troisième jour du mois. Le malade avait complètement oublié la cause, mais gardé le souvenir du chiffre.

Le cliché disparaît le plus souvent dès que le malade se rend compte que ce n'est qu'une impression du passé qui n'a aucune raison d'être dans le moment actuel. Il peut arriver aussi que le cliché a si fortement impressionné le cerveau que le malade ne peut s'en débarrasser si facilement.

Il faut alors que le malade se le rappelle *volontairement* jusqu'à ce que le cerveau le sente contrôlé, car le réveil conscient et volontaire du cliché ne produit aucun symptôme ni psychique ni physique.

Cette recherche des clichés a donc une certaine importance en faisant rentrer dans le domaine du conscient des phénomènes qui échappaient à son jugement, à sa raison et à sa volonté.

IDÉES ANORMALES. TRAVAIL ANORMAL DU CERVEAU

Dans ce chapitre, nous chercherons a déterminer ce qui, au point de vue phsychique, correspond à la vibration anormale, c'est-à-dire qu'elles sont les particularités que présente une idée, une sensation, un sentiment émis dans l'état non contrôlé ou passif.

Nous les appellerons idées anormales, sentiment anormal ou sensations anormales comme nous qualifierons de travail anormal du cerveau celui qui se fait sans contrôle ou dans l'état insuffisamment conscient.

Il n'y a pas d'idées propres à l'état passif, donc l'idée n'est pas anormale par elle-même, mais elle se fausse toujours dans une certaine mesure. De même pour la sensation et le sentiment.

Nous devons retrouver les mêmes causes que pour les vibrations anormales.

1) *Défaut de conscience*. — L'idée est en effet presque toujours vague, peu précise, l'appréciation mentale en sera de ce fait facilement erronée.

2) *Insuffisance de concentration*.— Donnera à la pensée peu de stabilité ; le malade arrive difficilement au bout de son idée qui sera toujours entrecoupée d'autres pensées ; comme conséquence, il arrivera à un but souvent diamétralement opposé à celui qu'il veut atteindre. De plus la multiplicité des idées amène la confusion.

3) L'idée n'est pas soumise à la volonté. Elle aura de ce fait une tendance à s'exagérer, à se fixer dans le cerveau et devenir obsédante.

4) Elle n'est pas contrôlée par la raison ou le jugement, ce qui lui permet d'être absurde, complètement déraisonnable et, malgré cela, acceptée par le malade.

5) L'état de passivité, du fait qu'il est pénible, ne donne pas d'idée altruiste ; le malade n'étant sensible qu'à ses propres sensations. Cet état donne la tendance à l'inertie (l'idée se rapportant au passé ou au futur, ce qui ne demande pas d'énergie immédiate).

Le sentiment d'incontrôle amène la sensation d'infériorité qui l'éloignera de ses semblables et, par progression, de la vie qui l'entoure qu'il ne sentira parfois qu'à travers un voile, un brouillard.

Tout lui semblera irréel, puisqu'il est sans contact avec cette vie. Nous pouvons voir que les modifications amenées par l'état passif sont très nombreuses; nous les avons du reste déjà décrites.

Les sensations deviennent anormales, par les mêmes causes que les idées. Notons leurs bizarreries, elles sont aussi peu définies que les idées, leur tendance à l'exagération, à persister sans raison, leur variabilité excessive.

Les sentiments sont des moins équilibrés, parfois ils s'exagèrent, mais sont de courte durée; mais
le plus souvent ils sont obnubilés et paraissent ne
plus exister du fait de l'indifférence du malade
pour tout ce qui n'est pas lui-même. — Une mère
parfaite jusqu'alors n'aimera plus ses enfants, un
amoureux se réveillera un beau matin ayant perdu
la conscience de son amour. Même le sentiment
religieux, le plus puissant soutien du psychasthénique, disparaît à son tour. Hâtons-nous de dire
que tout se retrouve dans la guérison.

Le travail cérébral anormal consiste surtout
en ce que la pensée n'arrive jamais au but qu'elle
se propose; le malade suivant toute idée dès qu'elle
se présente et cette idée étant supplantée à son
tour par une autre et ainsi de suite. L'idée primitive sera totalement oubliée ou sera retrouvée avec
peine.

L'homme normal suit facilement la suite et l'enchaînement de ses idées; dans l'état non contrôlé,
une partie est souvent inconsciente et la conclusion peut être l'inverse de ce qu'il pensait. Je ne

crois pas exagérer en disant qu'un psychasthénique pourrait se dire: « Je suis en parfaite santé,
donc je suis malade, » et cela avec une parfaite
assurance ! Intercalons seulement ces déductions
inconscientes. « Je suis en parfaite santé, mais
je puis tomber malade », « si j'allais tomber malade. » « Je le crains, « « je crois le sentir »,
« je le suis ».

De cet enchaînement le malade n'a conservé que
l'idée que son cerveau a suivi une suite de raison-
nements plausibles ou exacts et que sa conclusion
est juste.

Il serait impossible d'expliquer comment le
malade arrive à produire certains symptômes, si
l'on n'admettait pas ce fait.

Toutes ces anomalies doivent donc être recher-
chées dans le traitement psychique; nous devons
ouvrir les yeux au malade, lui faire comprendre le
pourquoi de ces défectuosités mentales et le peu
d'importance qu'il doit attacher à toute idée, à toute
sensation passive. Le malade qui s'en rendra
compte peut les corriger, il ne les garde que par
ignorance.

Tout un ordre de pensées et de sentiments sont

par eux-mêmes des idées non contrôlées passives
quoi que n'étant pas anormales, ainsi la crainte, la
peur, le doute, l'envie, la haine, la jalousie, etc.;
d'autres peuvent présenter les deux formes, comme
le remords, qui peut être actif ou passif. Dans le
remords actif, l'homme, tout en reconnaissant sa
faute, cherche à sortir de cette pensée et à s'améliorer, tandis que le remords passif l'écrase, il gémit
sous sa faute sans lutter. La tristesse passive est
du laisser aller mélangé d'égoïsme, la tristesse
active est saine et bonne.

L'importance de cette différenciation tant au point
de vue moral que psychique est énorme et bien des
conséquences funestes pourraient être évitées par
la connaissance de ces faits.

Il est cependant facile d'être sur ses gardes, car
toute pensée passive détermine un trouble, un malaise moral et même physique, dans ce cas agissant
comme une vraie toxine sur l'organisme.

Nous pourrions encore parler des conceptions
faussées de la vie, de la révolte de l'individu contre des faits qu'il ne veut pas accepter toutes choses qui le rendent esclave d'une pensée, d'un sentiment et par conséquent passif, mais notre but

serait dépassé, car nous ne pouvons ici faire un traité de morale.

Nous avons encore à mettre en garde le malade contre les impressions venant de l'extérieur; ici nous n'avons pas d'idées ou de travail anormal, mais une diminution ou même une abolition des facul- tés réactives du cerveau.

DIMINUTION DES FACULTÉS RÉACTIVES

Chez l'homme normal le cerveau est constitué de façon à réagir contre toutes les influences extérieu- res qui pourraient troubler son fonctionnement. Chez le psychasthénique, nous trouvons au contraire une impressionnabilité exagérée plus prononcée, relativement, pour les petits chocs que pour les grands. Il est en effet bien constaté qu'un choc moral intense est souvent fort bien supporté par un malade qui s'affolera pour un incident sans gravité aucune. Le choc dans le premier cas aura, en raison directe de son intensité, réveillé les facultés réac- tives du sujet et le laissera sans défense dans le second.

Tous les menus incidents de la vie journalière,

toutes les différences de température et de pression atmosphérique, que ce soit le froid ou le chaud, la sécheresse ou l'humidité (chaque malade a sa spécialité), tout agit sur son moral ou sur son physique; un petit ennui prend des proportions tragiques, une déception devient un désastre.

Tous ces phénomènes paraissent absurdes à l'homme contrôlé dont le cerveau réagit normalement. Chez lui le cerveau tend de lui-même à se débarrasser de ce qui pourrait lui nuire; c'est une boule de caoutchouc qui reprend par son élasticité même la forme primitive déformée par le choc. Dans l'insuffisance de contrôle, nous assistons à l'effet contraire, un choc léger détermine une impression même très forte et qui tend plutôt à se fixer.

Comment doit-on atténuer cette impressionnabilité, rétablir la réaction physiologique normale; voilà ce que le malade doit apprendre.

Il doit en premier lieu s'imprégner de cet axiome: « Aucune influence extérieure n'a d'action d'une façon absolue sur le cerveau », c'est-à-dire ce dernier ressent naturellement l'impression soit faible, soit forte, mais à priori doit être toujours considéré comme capable de réagir et de la surmonter.

Il serait inutile de parler de contrôle si l'on admettait le contraire et si absolu que cela paraisse au malade il faut qu'il parte de ce principe pour se défendre. C'est ainsi qu'il éveillera les facultés réactives normales du cerveau, c'est aussi par là qu'il augmentera sa résistance et accroîtra sa confiance, qu'il ne sera plus l'esclave de toutes choses.

Si le malade ne veut pas admettre cette assertion il est sûr d'avoir des rechutes. En effet, il ne se défendra jamais, car pour lui les sensations et les symptômes qu'il ressent, provenant d'une cause extérieure à lui-même, lui paraissaient logiquement ne pouvoir être combattues.

Il aurait en effet raison si cette cause devait lui donner ces symptômes, mais l'erreur est qu'elle ne le doit pas et qu'elle ne le peut que si le cerveau est à l'état passif, donc sans réaction.

Nous lui demandons de vérifier surtout par de nombreuses expériences ce que nous lui assurons; il se convaincra de cette vérité qu'il peut modifier dans ce sens. Les causes extérieures ne peuvent provoquer de sensations maladives que sur un cerveau à l'état passif; à l'état actif le cerveau est toujours capable de réagir. Dûment averti et capable par son traitement antérieur de modifier son cerveau, notre malade sera donc à l'abri.

Le début de pareilles rechutes est souvent fort insidieux et il peut se faire que le malade ait de la difficulté à faire la part de ce qui est nerveux et de ce qui est normal. Témoin le cas suivant, qui peut servir de leçon.

M. M. C... rentre chez lui se croyant bien guéri et sûr de lui; pendant son voyage, il prend un simple coryza. Son médecin, qui l'a connu très pusillanime, lui conseille de faire attention et de rester dans sa chambre. Peu à peu le malade se déprime, il a toujours mal à la tête qui reste lourde, le sentiment de fatigue et de lassitude s'accentue, tout travail devient difficile et tous les phénomènes de sa maladie antérieure réapparaissent. Le malade, mettant tout sur le compte de son coryza, n'a pas eu même l'idée de réagir et ce n'est que plus d'un mois après que le malade inquiet m'écrit en me demandant mon avis. Tout disparaît du reste dès qu'il se fut rendu compte de son erreur.

Nous pourrions citer une foule de rechutes semblables, même dues à des causes encore plus futiles, accès de colère, petits incidents de la vie; un cas

entre autres, malade, pour avoir changé le numéro
de ses lunettes. L'on trouve toujours la même
erreur, le malade ne réagissant pas, estimant cela
inutile.

CAUSES DE RECHUTES

Le chapitre précédent signalant ces erreurs nous
amène à rechercher quelles sont les principales
causes de rechutes que nous avons pu observer dans
notre clientèle.

Nous ne parlerons pas des rechutes chez des
malades incomplètement guéris, car ce ne sont pas
des véritables rechutes, mais de celles qui se présentent chez un malade normalement contrôlé. La
cessation des symptômes peut être momentanée et
ne peut être considérée comme une preuve absolue.
Nous le voyons du reste dans cette forme de psychasthénie intermittente, ou le cerveau conserve
malgré les apparences de santé une surexcitation
anormale.

Pour nous, le malade ne sera guéri que le jour
où il maîtrisera son cerveau.

Dans ce cas, le malade devrait être assez sûr

de lui pour être persuadé qu'il ne retombera
pas. Ce qui est à craindre, c'est qu'il ne se sur-
veille plus et c'est le retour insidieux à d'an-
ciennes habitudes anormales du cerveau. Un peu
de laisser-aller, le passage à l'état de rêve sans
symptômes désagréables. Le malade s'en rend
bien compte, mais il peut si facilement redevenir
actif que cela ne le préoccupe pas. Puis cela
devient une habitude, et un beau jour il se retrouve
en pleine crise qu'il a bien de la peine à faire disparaître.

Même s'il est maître de son cerveau, il faut,
après un traitement, recréer des habitudes normales et cela demande des mois de surveillance et
d'attention ; c'est ce que nous recommandons à nos
malades.

Cette surveillance de soi-même ne doit cependant pas être exagérée, car nous retrouverions une
nouvelle cause de rechute.

Nous avons observé des malades bien guéris qui
se sont torturés des mois par la recherche constante
de leur état cérébral, et cela sans raisons, puisqu'ils
n'avaient aucun symptôme ; mais la confiance en
eux-mêmes n'était pas suffisamment assise.

7.

Cette inquiétude constante fatigue le cerveau du malade, et si une expérience convaincante ne le rassure pas, il finit par s'autosuggestionner son ancienne maladie. Nous le trouvons alors persuadé qu'il a des angoisses, que ses phobies réapparaissent, et que tout le cortège habituel des phénomènes nerveux est à sa porte. Si l'on examine son cerveau, on le trouve parfaitement calme, quelquefois agité, mais sans vibration anormale. Le diagnostic est facile; ce sont des actifs sans le savoir et presque sans le vouloir.

Le plus souvent, ces causes tiennent au malade, ce sont des clichés mal éliminés ou dont le patient n'a pas voulu parler, puis cette diminution de ce que nous avons appelé les facultés réactives du cerveau.

Les causes extérieures sont plus rares; les chocs moraux ou physiques même intenses ont bien une action déprimante, mais généralement elle ne dure pas et ne donne pas de rechute complète chez le patient sûr de son contrôle.

Nous ferons exception pour certains traumatismes, surtout quand il y a ébranlement cérébral et certaines opérations, mais dans ce cas c'est une nouvelle maladie qui se développe plutôt qu'une rechute.

Nous arrivons au terme de notre traitement de la rééducation du contrôle ayant passé en revue ce que nous estimions être le plus utile au malade et pouvant donner au praticien un aperçu de notre méthode.

La partie psychique a été réduite au minimum possible, car toute cette partie du traitement ne diffère pas des méthodes psychothérapiques connues, puis elle a si souvent été traitée par des plumes plus autorisées que la nôtre que nous n'en aurions pas vu l'utilité.

Nous dirons encore deux mots de l'insomnie et de son traitement que nous employons.

L'INSOMNIE

L'insomnie est un des symptômes les plus re-
belles de la psychasthénie et un des plus dépri-
mants. Le malade après une mauvaise nuit continue
un mauvais jour, il n'a pas le courage de réagir, la
fatigue qu'il ressent lui donne une excuse suffisante.
Il attache une si grande importance à son sommeil,
surtout à la quantité de sommeil, que cela devient
souvent pour lui le symptôme capital. Que de malades vous disent : « Si je pouvais dormir je serais
guéri. »

Cette croyance est plus illusoire que réelle ; certes, nous admettons pleinement que l'insomnie rend
le malade moins apte à se défendre et naturellement passif. Mais combien de malades dormant
10 à 12 heures restent aussi malades qu'auparavant !

Ce que nous pouvons assurer au patient c'est
que ce symptôme, si pénible soit-il, ne donne pas la

guérison quand il disparaît, et de plus que la qualité de sommeil bien plus que la quantité en est le point essentiel.

Le sommeil réapparaît naturellement dès que l'amélioration arrive à un certain degré, mais comme celle-ci tarde parfois nous devons cependant chercher le plus tôt possible à rendre au malade cette fonction dont il peut si difficilement se passer.

Nous allons donc en chercher les causes, décrire les différentes formes et en déduire le traitement.

Causes de l'Insomnie. — La cause primordiale, essentielle, est toujours l'insuffisance du contrôle qui se manifeste sous différents aspects. Ainsi le malade ne peut arrêter le cours de ses pensées, parfois ce sera une phobie quelconque, phobie du bruit par hypersensibilité de l'ouïe, phobie de l'insomnie, la plus fréquente peut-être.

Les clichés entrent aussi en bonne part, comme cause de réveil ou de sommeil interrompu. Nous avons vu des crises de palpitations se reproduisant dans la nuit à heure fixe ; simplement quelquefois le souvenir d'un réveil antérieur se répète indéfiniment et détermine l'insomnie.

Toutes ces causes sont donc justiciables de la

rééducation. Comme formes nous distinguerons :

1° *L'insomnie partielle;*

2° *L'Insomnie complète.*

Insomnie partielle. — L'insomnie partielle peut être caractérisée par une sorte d'assoupissement léger ne donnant pas au malade la sensation du sommeil.

Dans ce cas, nous conseillons au malade de se réveiller complètement, même plusieurs fois par nuit, si c'est nécessaire, puis de chercher à s'endormir d'un meilleur sommeil par les exercices que nous allons décrire. — Une autre forme partielle est celle où le malade s'endort profondément pour une ou plusieurs heures, puis se réveille sans cause pour un certain espace de temps. Celle-ci est presque toujours due à un cliché qu'il faut rechercher en premier lieu, puis le malade avant de s'endormir se fixera mentalement une heure différente pour son réveil.

Dès qu'il peut modifier l'heure, il est bien près de guérir cette forme d'insomnie.

L'hypersensibilité de l'ouïe et la phobie du bruit donne habituellement un sommeil interrompu, le malade se rendormant dès la cessation du bruit, dans certains cas, cependant, la phobie est assez forte pour empêcher tout sommeil par l'attente anxieuse d'être réveillé.

Le traitement le plus radical consiste à habituer le malade au bruit. Un autre moyen est celui-ci : le malade dès qu'il se réveille se concentre volontairement sur la cause de son réveil. Cette concentration volontaire finit par faire disparaître la phobie.

1° *L'insomnie complète* est fort souvent causée par la crainte de ne pas dormir. Cette peur est si tenace qu'elle lutte avec succès contre les meilleurs narcotiques.

Le moyen qui nous a le mieux réussi et qui peut paraître bizarre est de demander au malade *de ne pas vouloir dormir* un temps déterminé. Il s'apercevra de suite que si la promesse qu'il se fait est *vraie* l'angoisse disparaît, il sent alors qu'il pourrait dormir.

Il est essentiel que le malade tienne sa promesse pour le temps fixé, qu'il lutte même contre le sommeil. Si en se recouchant la phobie réapparaît, qu'il renouvelle ce qu'il vient de faire. Il peut être sûr qu'il mâtera son cerveau sans tarder et qu'il retrouvera cette faculté disparue.

J'ai vu des malades ne pas se coucher une ou deux nuits de suite, effort assez héroïque mais toujours couronné de succès s'ils étaient sincères.

Une autre forme d'insomnie complète est celle où le malade ne dort pas parce qu'il n'a pas sommeil. Cette sensation est pour ainsi dire abolie, on ne trouve ni phobies, ni cliché, le cerveau est calme, mais très éveillé, le malade se repose ainsi. Cette forme est assez rare et les exercices n'ont guère d'action dans ces cas-là, l'hypnose en est le traitement de choix.

Nous ne parlons pas ici des insomnies qui peuvent être dues à divers troubles organiques ou à la douleur, car l'insuffisance de contrôle ne serait pas mise en cause.

Nous allons maintenant décrire les exercices les plus appropriés à amener l'état de sommeil. Tout exercice peut en somme le faire, en rétablissant le calme et le contrôle cérébral. Mais certains sont plus spécialement indiqués :

Ainsi, ce que nous avons appelé la déconcentration amène presque forcément le sommeil lorsque le patient est arrivé à produire le repos d'une certaine durée. Le malade se concentre sur le I, puis cherche à suspendre ses pensées le plus longtemps possible en éloignant toujours plus le I. Toute distraction ou toute idée survenant est arrêtée par une nouvelle concentration sur le I.

La concentration sur l'idée de calme, de repos est aussi tout indiquée.

Un moyen très simple est de suivre sa respiration qu'on rend régulière, puis légèrement sonore comme celle d'une personne qui s'endort.

L'augmentation progressive du ∞ donne parfois un bon résultat.

La volonté bien déterminée de dormir peut être efficace, si le malade peut éliminer le doute.

Tous ces exercices, pour donner un bon résultat, ne peuvent être faits qu'avec un certain dressage, car il est naturel que si l'on n'a aucune concentration ils seraient sans effet.

Quant aux narcotiques nous les évitons le plus possible, il est très rare que nous soyons obligés de les employer et seulement au début. Ils présentent le grand désavantage de rendre toujours, plus ou moins, le malade passif le lendemain, sans parler de l'accoutumance et de l'effet toujours nocif qu'ils produisent à la longue sur l'organisme.

RÉSUMÉ DU TRAITEMENT

Pour terminer nous allons donner au lecteur un aperçu général, mais aussi concis que possible, de la façon dont nous traitons un malade.

L'historique de sa maladie, si longue, si fastidieuse soit-elle, doit être cependant écoutée avec attention, car elle permet au médecin de fixer certains points du traitement, il peut y découvrir déjà quelques clichés et classer son malade dans une des deux catégories suivantes :

1) *Malade à prédominance psychique* ;

2) *Malade à prédominance organique.*

Dans le premier cas, les symptômes se rapportant uniquement au cerveau, on peut commencer de suite la rééducation du contrôle.

La seconde classe comprend les malades attribuant leur maladie à un organe quelconque : cœur, estomac, intestins.

Il importe avant le dressage de faire un examen

minutieux de l'organe en question et s'il existe la moindre lésion ou même la moindre indication à un traitement médicamenteux ou diététique il est de beaucoup préférable d'attendre la fin de ceux-ci.

Nous demandons en effet au malade de ne compter que sur lui-même et non sur un médicament quelconque, ce ne serait donc guère logique de faire suivre au patient deux traitements qui seraient en contradiction.

Le malade au début a surtout besoin de savoir et de comprendre ce qu'il a ; il aura confiance si on lui démontre pourquoi il est malade, quelles sont les causes de ses symptômes et comment il guérira. Ce ne sera plus le diagnostic habituel « C'est nerveux », qui l'a si souvent découragé. Combien de malades se sont sentis soulagés de pouvoir comprendre ce qu'ils ne pouvaient s'expliquer.

Nous ne saurions faire de la rééducation si le patient ignore les causes et l'origine de sa maladie. Il n'est du reste pas difficile de lui faire toucher du doigt les défauts de son mécanisme et l'insuffisance de son contrôle.

Nous commençons donc par lui faire reconnaître ce que c'est que la passivité et ses différents

états, puis il passe à l'étude des mouvements conscients et volontaires.

Ces actes doivent être répétés durant la journée aussi fréquemment que possible. Ils constituent un excellent entraînement et une bonne dis-
cipline.

En même temps nous donnons les premiers
exercices de concentration soit :

1) *Concentration sur les différentes parties du
corps* ;

2) *Sur le signe de l'infini* ⊂⊃ ;

4) *Sur le I.*

Ces exercices sont faits en moyenne chaque deux
heures durant dix minutes.

Dès qu'ils sont assez bien exécutés nous entre-
prenons la rééducation de la volonté, telle que nous
l'avons décrite.

Cette première partie terminée, c'est-à-dire lorsque le patient peut déjà modifier son cerveau par
sa volonté, sa concentration ou ses actes conscients,
il commence la lutte réelle. Il doit alors chercher
à modifier par ses exercices tout état passif, comme
il doit écarter ou faire disparaître tous ses symptômes.

Chaque résultat bon ou mauvais doit être noté et critiqué, puisque c'est sur ses expériences personnelles qu'il fondera sa confiance. Le malade doit se convaincre lui-même, le traitement se base sur ce qu'il fait, non sur ce que nous lui disons.

Toute amélioration trop rapide est presque toujours une auto-suggestion sans résultat durable.

Malgré la meilleure volonté du malade les progrès ne se produisent pas d'une façon régulière, il existe pour ainsi dire toujours des périodes de rechutes dont nous devons prévenir le patient. Celles-ci sont plutôt utiles, il apprend à se servir de ses armes et ce sont ses meilleures expériences.

Comme suite aux premiers exercices de concentration nous passons aux différents procédés d'élimination et de déconcentration, puis à la concentration sur l'idée proprement dite.

La recherche des idées anormales, du travail anormal du cerveau et des clichés est étudiée en dernier lieu. Telle est l'idée générale du traitement que nous modifions selon les besoins du malade.

Durée du traitement. — La durée du traitement est forcément variable, mais nous estimons

que deux à trois mois suffisent pour apprendre au
malade à se tirer d'affaire seul.

Les cas plus légers varient de trois à six semaines ;
pour les plus graves il est préférable de revoir les
malades après quelques mois où ils auront été livrés
à eux-mêmes. Ce second traitement est surtout
destiné à rectifier les erreurs qui peuvent se produire dans la lutte, il est généralement de courte
durée.

Résultats du traitement. — Plus nous avançons,
plus nous sommes convaincus que l'insuffisance de
contrôle peut et doit se guérir même dans des cas
qui paraissent invétérés et qui ont été malades
durant vingt ans et plus.

Il serait difficile de donner une statistique exacte
des cas complètement guéris, car l'on devrait revoir
tous les malades un et deux ans après, et nous les
revoyons rarement.

Mais en tout cas les résultats que nous connaissons ont certes dépassé notre espérance et récom-
pensé toutes nos peines.

TABLE DES MATIÈRES

—

Introduction...................................... 5

Le contrôle cérébral............................. 8
    Dualité du cerveau........................... 8
    Définition du contrôle cérébral............ 10
    Action du contrôle insuffisant sur les idées, les
        sensations, les actes...................... 13
    Influence du contrôle insuffisant sur ses organes. 16
    Le contrôle cérébral dans les psychonévroses.... 18

Les psychonévroses............................ 20

Les symptômes psychiques..................... 25

Nécessité d'une rééducation du contrôle....... 37
    Comment contrôler un cerveau............... 40
    Comment modifier une vibration anormale...... 47

Traitement..................................... 50
    Traitement fonctionnel....................... 50
    Contrôle des actes........................... 52
    Actes volontaires............................ 56
    Effet psychique du contrôle des actes........... 57

Contrôle des idées............................. 60
    L'idée doit être consciente.................... 61
    Etat de conscience 61

Concentration...................................... 66

   Effets physiologiques de la concentration......... 77

Elimination, Déconcentration..................... 81

La volonté...................................... 85

   L'effort de volonté............................. 87

   Erreurs.. 96

   Rôle de l'effort de volonté dans le contrôle insuffisant... 99

Traitement psychique............................ 101

   Clichés.. 103

   Idées anormales, Travail anormal du cerveau... 106

   Diminution des facultés réactives............... 112

   Causes de rechutes............................ 116

L'insomnie...................................... 120

Résumé du traitement........................... 126

Poitiers. — Imp. BLAIS et ROY, 7, rue Victor-Hugo.

Dictionnaire de Médecine, de chirurgie, de pharmacie et des sciences qui s'y rapportent, par *E. Littré* (de l'Institut). 21ᵉ *édition*, entièrement refondue par le Dʳ A. GILBERT, professeur de thérapeutique à la Faculté de médecine de Paris. 1908, 1 vol. gr. in-8 de 1842 pages à 2 col., avec 860 figures. 25 fr. Relié........ **30 fr.**

Le *Dictionnaire de médecine de Littré* est certainement le plus grand succès de la librairie médicale de notre époque, et il s'explique non seulement par la valeur scientifique du livre, mais par la nécessité, quand on lit ou qu'on écrit, d'avoir pour la recherche d'une étymologie ou d'une définition, un guide sûr et méthodique.

Ce *Dictionnaire* — dont l'étendue s'explique par sa compréhension même, puisqu'il embrasse à la fois les termes de médecine, de chirurgie, de pharmacie, des sciences qui s'y rapportent — présente dans des articles nécessairement très courts, mais substantiels, un résumé synthétique des connaissances actuelles sur les sujets qu'il embrasse.

Cent soixante-quinze mille exemplaires vendus de ce *Dictionnaire de médecine* sont le témoignage le plus éclatant de sa haute valeur et de sa grande utilité pour tous ceux qui veulent se tenir au courant des progrès des sciences contemporaines.

Guide du Médecin praticien. Aide-mémoire de médecine, de chirurgie et d'obstétrique, par le Dʳ *P. Guibal*, ancien interne des hôpitaux de Paris. 1903, 1 vol. in-18 de 676 p., avec 349 fig., cart. **7 fr. 50**

Le premier Livre de Médecine, manuel de propédeutique pour le stage hospitalier, par les Dʳˢ *Bouglé*, chirurgien des hôpitaux de Paris, et *Cavasse*, ancien interne des hôpitaux. 1897, 1 vol. in-18 jésus de 978 pages et figures, reliure peau souple, tête dorée.... **12 fr.**

Consultations médicales. *Thérapeutique clinique*, par le Dʳ *Huchard*, membre de l'Académie de médecine. 1909, 1 vol. in-8 de 636 pages................ **12 fr.**

Traité des Maladies des Vieillards, par le Dʳ *Rauzier*, professeur à la Fac. de méd. de Montpellier. 1909, 1 vol. in-8 de 611 p. **12 fr.**

Clinique médicale de l'Hôtel-Dieu de Paris, par les professeurs *Trousseau* et *Peter*. 10ᵉ *édition*. 1902, 3 vol. in-8, ensemble 2616 pages.................. **32 fr.**

La Pratique journalière de la Médecine dans les Hôpitaux de Paris, par *P. Lefert*. 1895, 1 vol. in-18 de 300 pages, cart . . **3 fr.**

Lexique-Formulaire des Nouveautés médicales, par le professeur *Paul Lefert*. 1898, 1 vol. in-18 de 336 pages, cart........ **3 fr.**

Aide-mémoire de Médecine hospitalière, par le professeur *Paul Lefert*. 1895, 1 vol. in-18 de 308 pages, cart................ **3 fr.**

Conférences pour l'Externat des hôpitaux, par *J. Saulleu* et *Raillère*, internes des hôpitaux de Paris. *Anatomie*. 1909, 1 vol. gr. in-8 de 358 pages, avec 277 figures................ **8 fr.**
— *Pathologie et Petite Chirurgie*. 1909, 1 vol. gr. in-8 de 350 pages, avec 47 figures.................... **8 fr.**

Conférences de Médecine clinique pour l'Internat des Hôpitaux, par *J. Saulleu* et *A. Dubois*. — T. I. *Tête, thorax, système nerveux*. 1902, 1 vol. gr. in-8 de 480 pages, avec 101 figures... **10 fr.**
T. II. *Cou, appareils digestif et urinaire*. 1902, 1 vol. gr. in-8 de 480 pages, avec 122 figures................ **10 fr.**
T. III. *Appareil génital, membres et maladies générales*. 1903, 1 vol. gr. in-8 de 480 pages, avec 84 figures................ **10 fr.**

Tableaux synoptiques de Médecine d'urgence, par le Dʳ *Debussières*. 1902, 1 vol. gr. in-8 de 184 pages, cart............. **5 fr.**

Dictionnaire des Termes de Médecine, par *De Mério*. 2 vol. in-8.
Anglais-Français. 1899, 1 vol. in-8 de 396 pages, cart....... **8 fr.**
Français-Anglais. 1899, 1 vol. in-8 de 248 pages, cart....... **6 fr.**

Le Carnet du Médecin, formulaires, tableaux du pouls, de la respiration et de la température, tableaux d'analyses d'urines et de bactériologie, comptabilité. 1 cahier oblong cart., papier souple. **1 fr. 25**

Les Centres nerveux. Physiopathologie clinique, par *J. Grasset*, professeur à l'Université de Montpellier. 1905, 1 vol. in-8 de 744 pages, avec 60 figures et 20 tableaux.......................... **12 fr.**

Atlas-Manuel du Système nerveux, par le Pr *C. Jakob.* 2ᵉ *édition française,* par le Dr *Rémond,* professeur de clinique mentale à Toulouse. 1900, 1 vol. in-16 de 364 pages, avec 84 pl. col., relié, tête dorée. **20 fr.**

La Pratique des Maladies du Système nerveux dans les Hôpitaux de Paris, par *P. Lefert.* 1894, 1 vol. in-18, cart....... **3 fr.**

Pour lutter contre les Maladies nerveuses, par le Dr *E. Contet.* 1903, 1 vol. in-16 de 96 pages, cart...................... **1 fr. 50**

L'Évolution du Système nerveux, par le professeur *Beaunis.* 1890, 1 vol. in-16 de 320 pages, avec 237 figures.............. **3 fr. 50**

Anatomie des Centres nerveux, par le professeur *Edinger.* 1889, 1 vol. in-8 de 235 pages, avec 122 figures.................... **8 fr.**

La Métamérie du système nerveux et les maladies de la moelle, par le Dr *Constensoux.* 1901, gr. in-8 de 202 pages et 12 fig..... **5 fr.**

L'Encéphale, par le Dr *Gaooy.* 1886, 1 vol. in-4 de 200 pages, et 1 atlas de 59 pl. en glyptographie. Ensemble, 2 vol. cart... **100 fr.**

Petit Atlas photographique du Système nerveux. Le Cerveau, par le Dr *Luys.* 1888, 1 vol. in-18, avec 24 pl., cart.......... **12 fr.**

Le Corps et l'Esprit, action du moral et de l'imagination sur le physique, par *Hack Tucke.* 1886, 1 vol. in-8 de 403 pages.......... **6 fr.**

Le Cerveau et l'Activité cérébrale, par *A. Herzen,* professeur à l'Académie de Lausanne. 1887, 1 vol. in-16 de 312 pages.. **3 fr. 50**

Le Génie, la Raison, la Folie, par *Lélut.* 1 vol. in-16 de 318 p. **3 fr. 50**

L'Éducation des Facultés mentales, par le Dr *Nogler.* 1892, 1 vol. in-16 de 175 pages.................................... **2 fr.**

La Physionomie chez l'Homme et chez les Animaux, dans ses rapports avec l'expression des émotions et des sentiments, par *Schack.* 1886, 1 vol. in-8 de 450 pages, avec 154 figures....... **7 fr.**

Magnétisme et Hypnotisme, par *Cullerre.* 1893, 1 v. in-16. **3 fr. 50**

Thérapeutique suggestive, par *Cullerre.* 1893, 1 vol. in-16. **3 fr. 50**

La Suggestion mentale et les variations de la Personnalité, par les Drs *Bourru* et *Burot.* 1895, 1 vol. in-16 de 352 p.... **3 fr. 50**

Le Somnambulisme provoqué, par le Pr *Beaunis.* 1887, 1 vol. in-16... **3 fr. 50**

Hypnotisme expérimental, par le Dr *Luys.* 1880, 1 vol. in-16. **2 fr.**

Les Somnambules extra-lucides, par *de Perry.* 1896, gr. in-8. **5 fr.**

Le Sommeil et l'Insomnie, par le Dr *Maroaud.* 1884, in-8. **3 fr. 50**

La Psychologie du Rêve au point de vue médical, par *Vaschide* et *Piéron.* 1902, 1 vol. in-16 de 96 pages, cart............. **1 fr. 50**

Le Monde des Rêves, par *P. Max-Simon.* 1888, 1 vol. in-16. **3 fr. 50**

Le Rêve prolongé, par le Dr *Trenaunoy.* 1901, in-8......... **2 fr. 50**

La Mimique faciale, par le Dr *Pautet.* 1900, gr. in-8. **3 fr. 50**

Le Rire et les Exhilarants, par le Dr *Raulin.* 1900, in-8. **7 fr. 50**

Les Radiculités, par *P. Camus.* 1908, in-8................ **3 fr. 50**

Fous et Bouffons, par *P. Moreau.* 1885, 1 vol. in-16..... **3 fr. 50**

La Folie érotique, par le Pr *B. Ball.* 1893, 1 vol. in-16........ **2 fr.**

Les Fétichistes, par le Dr *Garnier.* 1895, 1 vol. in-16......... **2 fr.**

Atlas-Manuel de Psychiatrie, par *O. Weygandt* et *J. Roubinovitch*, médecin de la Salpêtrière. 1903, 1 vol. in-16 de 643 p., avec 24 pl. col. et 261 figures. Relié.. **24 fr.**

Traité de Thérapeutique des Maladies mentales et nerveuses, par les Dᵣ *P. Garnier* et *Cololian*. 1901, 1 vol. in-8 de 496 p... **7 fr.**

Traité des Maladies mentales, par le Dʳ *Dagonet*, médecin de l'Asile Sainte-Anne. 1894, 1 vol. gr. in-8 de 850 p., avec 42 fig. **20 fr.**

Traité des Maladies mentales, par *Cullerre*. 1889, 1 vol. in-18. **6 fr.**

Atlas-Manuel des Maladies nerveuses, diagnostic et traitement, par *W. Seiffer* et *G. Gasne*, médecin des hôpitaux de Paris. 1905, 1 vol. in-16 de 352 p. avec 26 planches color. et 264 fig. Relié. **18 fr.**

Sémiologie et Traitement des Maladies nerveuses, par le Dʳ *Roux*, médecin des hôpitaux de Saint-Étienne. 1901, 1 vol. in-16.. **7 fr. 50**

Diagnostic des Maladies de la Moelle, par le Dʳ *Grasset*, 1908, 1 vol. in-16 de 96 pages, avec figures, cart............... **1 fr. 50**

Diagnostic des Maladies de l'Encéphale, par le Dʳ *Grasset*, 1908, 1 vol. in-16 de 96 pages, cart........................ **1 fr. 50**

Les Thérapeutiques récentes dans les Maladies nerveuses, par *M. Lannois*, agrégé à la Fac. de Lyon. 1907, 1 vol. in-16, cart. **1 fr. 50**

Aide-mémoire de Neurologie, par *P. Lefert*. 1900, 1 v. in-18, cart. **3 fr.**

La Folie à Paris, par *P. Garnier*. 1890, 1 vol. in-16...... **3 fr. 50**

Les Frontières de la folie, par *Cullerre*. 1888, 1 vol. in-16. **3 fr. 50**

La Démence précoce, par *G. Deny*, médecin de la Salpêtrière, et *P. Roy*. 1903, 1 vol. in-16 de 96 pages, avec 11 figures, cart. **1 fr. 50**

Les Folies intermittentes. La Psychose maniaque dépressive, par *Deny* et *Camus*. 1907, 1 vol. in-16 de 96 p. avec 10 fig., cart. **1 fr. 50**

La Folie chez les Enfants, par *Moreau* (de Tours). 1888, 1 vol. in-16.. **3 fr. 50**

Les Hystériques, par le Dʳ *Legrand du Saulle*. 1891, 1 vol. in-8. **8 fr.**

Traitement de l'Épilepsie, par le Dʳ *Gilles de la Tourette*. 1901, 1 vol. in-18 de 96 pages, cartonné................... **1 fr. 50**

Traité des Épilepsies, par le Dʳ *Gélineau*. 1901, 1 v. in-8... **15 fr.**

Les Maladies de l'Esprit, par *P. Max-Simon*, médecin en chef de l'Asile d'aliénés de Lyon. 1892, 1 vol. in-16 de 350 pages.. **3 fr. 50**

La Folie par contagion mentale, par *Halberstadt*. 1906, gr. in-8, 130 pages.. **3 fr. 50**

Les Aliénés et les Asiles d'Aliénés, par *J. Falret*. 1890, 1 vol. in-9 de 564 pages................................... **8 fr.**

Les États neurasthéniques, par *A. Riche*. 1908, 1 vol. in-16, cart... **1 fr. 50**

La Neurasthénie, par le Dʳ *Bouveret*. 1891, 1 vol. in-8........ **6 fr.**

Nervosisme et Névroses, par le Dʳ *Cullerre*. 1892, 1 vol. in-16. **3 fr. 50**

Le Traitement des Névralgies et des Névrites, par le Dʳ *Plicque*. 1901, 1 vol. in-16 de 96 p., cart............... **1 fr. 50**

La Migraine. Traitement par le massage, par *G. Norstrom*. 1904, 1 vol. in-16 de 152 pages................................. **2 fr.**

Les Morphinomanes, par le Dʳ *Guimball*. 1891, 1 vol. in-16. **3 fr. 50**

L'Alcoolisme, par le Dʳ *Bergeret*. 1889, 1 vol. in-16....... **3 fr. 50**

Le Tabac et l'Absinthe, par le Dʳ *Jolly*. 1887, 1 vol. in-16... **2 fr.**

Anthropologie, Hygiène individuelle, Éducation physique, par *R. Anthony, E. Dupré, P. Ribierre, G. Brouardel, M. Boulay, V. Morax* et *P. Lafeuille*. 1906, 1 vol. gr. in-8 de 299 p., avec 38 fig.. **6 fr.**

L'Hygiène à l'École, par le Dr *Collineau*. 1889, 1 vol. in-16.... **2 fr.**

Le Surmenage intellectuel et les exercices physiques, par le Dr *Riant*. 1889, 1 vol. in-16 de 312 pages................ **3 fr. 50**

Hygiène du Cabinet de travail, par le Dr *Riant*. 1883, 1 vol. in-16 de 182 pages..................... **2 fr. 50**

Hygiène des Orateurs, par le Dr *Riant*. 1888, 1 vol. in-16. **3 fr. 50**

Hygiène de l'Ame, par *E. de Feuchtersleben*. Introduction par le Dr *Huchard*. 1904, 1 vol. in-18 de VIII-351 pages............ **3 fr. 50**

Hygiène de l'Esprit, par *Réveillé-Parise* et *Carrière*. 1881, 1 vol. in-16 de 435 pages..................... **3 fr. 50**

Les Exercices du Corps, le développement de la force et de l'adresse, par *Couvreur*. 1889, 1 vol. in-16 de 351 pages, cart.......... **4 fr.**

La Gymnastique à la Maison, à la chambre et au jardin, par *Angerstein* et *Eckler*. 1891, 1 vol. in-16, 160 pages, 55 fig...... **2 fr.**

La Gymnastique des Demoiselles, par *Angerstein* et *Eckler*. 1892, 1 vol. in-16 de 160 pages, avec 50 figures.................. **2 fr.**

La Gymnastique, par le Dr *Cohineau*. 1884, 1 vol. in-8 de 824 pages avec 136 figures..................... **10 fr.**

Comment devenir fort, par *J. de Lerne*. 1901, 1 vol. in-18. **3 fr. 50**

Du Perfectionnement de l'Homme, par *J. de Lerne*. 1903, 1 vol. in-18 de 312 pages..................... **3 fr. 50**

Formulaire d'Hydrothérapie, par le Dr *O. Martin*. 1900, 1 vol. in-18 de 252 pages, avec figures, cartonné........... **3 fr.**

La Pratique de l'Hydrothérapie, par le Dr *E. Duval*. Préface par le prof. *Peter*. 1891, 1 vol. in-16 de 360 p., cart....... **5 fr.**

Formulaire des Eaux minérales et de Balnéothérapie, par le Dr *E. De La Harpe*. 2e édition. 1896, 1 vol. in-18, cart........ **3 fr.**

Formulaire des Stations d'hiver et de Climatothérapie, par le Dr *De la Harpe*. 1895, 1 vol. in-18 de 300 pages, cartonné...... **3 fr.**

La Santé par le Grand air, par le Dr *Bonnard*. 1906, 1 vol. in-16 de 272 pages, avec 19 planches et figures .... **3 fr. 50**

Atmosphère et climats, par *J. Courmont*, professeur, et *Ch. Lesieur*, agrégé à la Faculté de Lyon. 1906, 1 vol. gr. in-8 de 124 pages, avec 27 figures et 2 pl. coloriées..................... **3 fc.**

Précis d'Analyse microbiologique des Eaux, par le Dr *Roux*. 1892, 1 vol. in-18 de 494 pages, avec 73 figures, cartonné.......... **5 fr.**

Tableaux synoptiques pour l'Analyse de l'Eau, par *Goupil*. 1900, 2 vol. in-16, de 70 p., avec 10 fig., cart., chaque......... **1 fr. 50**

Chimie hydrologique, par *J. Lefort*. 2e édit. 1875, 1 vol. in-8. **12 fr.**

L'Eau potable, par *Corail*, directeur du Laboratoire municipal de Toulon. 1896, 1 vol. in-16 de 359 pages, avec 136 fig., cart... **5 fr.**

Les Eaux d'alimentation, épuration, filtration, stérilisation, par *Guinochet*. 1898, 1 vol. in-16 de 370 p. avec 52 fig., cart....... **5 fr.**

La Profession médicale au commencement du XX° siècle, par *P. Brouardel*. 1903, 1 vol. in-18 de 230 pages............. **3 fr. 50**

Histoire des Sciences médicales, par *Ch. Daremberg*. 1870, 2 vol. in-8.. **20 fr.**

Précis de l'Histoire de la Médecine, par le D\' *Bouillet*. Introduction par le prof. *Laboulbène*. 1888, 1 vol. in-8 de 366 p........ **6 fr.**

Histoire de la Chirurgie française au XIX° siècle, par le D\' *J. Rochard*. 1875, 1 vol. in-8 de 809 pages............... **12 fr.**

La Médecine à travers les siècles, Histoire et philosophie, par *Guardia*. 1865, 1 vol. in-8 de 800 pages.................. **10 fr.**

Lettres philosophiques et historiques sur la Médecine au XIX° siècle, par le D\' *Renouard*. 1861, 1 vol. in-8, 240 p.. **3 fr. 50**

Histoire de la Faculté de Médecine de Paris, par le D\' *Corlieu*. 1896, 1 vol. in-4 avec album de 130 portraits, cart....... **100 fr.**

Médecine vieille et Médecine nouvelle, par le professeur *Semmola*. 1881, in-8, 109 pages............................ **2 fr. 50**

Œuvres complètes d'Hippocrate, traduction par *E. Littré*, avec le texte grec en regard. 1839-1841, 10 vol. in-8............. **100 fr.**

Œuvres d'Oribase, texte grec, traduit en français, et annoté par *Daremberg*. 1876, 6 vol. in-8............................ **72 fr.**

Œuvres de Rufus d'Éphèse, traduites en français, par *Ch. Daremberg* et *Émile Ruelle*. 1880, 1 vol. gr. in-8 de 673 pages...... **12 fr.**

Œuvres anatomiques, physiologiques et médicales de Galien, traduites par *Ch. Daremberg*. 1854-1857, 2 vol. in-8.......... **20 fr.**

Œuvres complètes d'Ambroise Paré, accompagnées de notes, par *Malgaigne*. 1840, 3 vol. in-8 avec fig................ **36 fr.**

Médecine et Mœurs de l'ancienne Rome, d'après les poètes latins, par le D\' *Dupouy*. 1891, 1 vol. in-16 de 432 p..... **3 fr. 50**

La Médecine grecque, par *Tsintsiropoulos*. 1892, 1 vol. in-8.. **4 fr.**

L'École de Salerne. Traduction en vers français, par *Ch. Meaux Saint-Marc*, avec le texte latin. 1888, 1 vol. in-18 de 600 p..... **7 fr.**

Lettres de Gui Patin, *édition Réveillé-Parise*. 1846, 3 vol. in-8. **12 fr.**

La Médecine au temps d'Henri IV, par le D\' *Minolelle*. 1903, 1 vol. in-16 de 203 pages................................ **3 fr. 50**

L'Obstétrique au XVII° et au XVIII° siècle, par le D\' *Placet*. 1892, in-8, 190 pages, avec 8 planches................. **6 fr.**

L'Obstétrique en Occident pendant le Moyen âge et la Renaissance, par le D\' *Audureau*. 1892, gr. in-8, 194 p. **7 fr. 50**

Laënnec, par le D\' *H. Saintignon*. 1904, 1 vol. in-18... **7 fr. 50**

Récamier et ses Contemporains, par le D\' *P. Triaire*. 1899, 1 vol. in-8 de 450 pages, avec 1 portrait................... **10 fr.**

Scènes de la Vie médicale, par *Cyr*. 1888, 1 vol. in-16.. **3 fr. 50**

Les Charlatans de la Médecine, par le D\' *Saint Aurens*. 1901, 1 vol. in-18 de 245 pages............................ **3 fr. 50**

La Médecine et les Médecins, par *L. Peisse*. 1857, 2 v. in-16. **7 fr.**

La Médecine et les Religions, par *P. Bruzon*. 1904, 1 vol. in-18 de 330 pages.. **3 fr. 50**

Le Roman scientifique d'Émile Zola. *La médecine et les Rougon-Macquart*, par *Martineau*. 1907, 1 vol. in-18 de 260 pages. **3 fr. 50**

La Vie médicale d'autrefois, par le D\' *J. Roger*. 1907, 1 vol. gr. in-8 de 230 p., avec gravures et fac-similé............. **10 fr.**

Principes de Philosophie positive, par *Auguste Comte* et *Littré* (de l'institut). 1890, 1 vol. in-16 de 268 pages............ **3 fr. 50**

LIBRAIRIE J.-B. BAILLIÈRE ET FILS

Précis de Pathologie générale, par le Dr *H. Claude*, professeur agrégé à la Faculté de médecine de Paris, et *J. Camus*, ancien interne des hôpitaux. 1909, 1 vol. in-8 de 632 pages, avec 147 fig, cartonné... **12 fr.**

Traité élémentaire de Pathologie générale, par *H. Hallopeau*, professeur agrégé à la Faculté de médecine de Paris, et *Apert*, médecin des hôpitaux de Paris. 6e *édition*. 1901, 1 vol. in-8 de 952 pages avec 192 figures.. **12 fr.**

Aide-mémoire de Pathologie générale, par le professeur *P. Lefort*. 2e *édition*. 1900, 1 vol. in-18 de 300 pages, cart........ **3 fr.**

Tableaux synoptiques de Pathologie générale, par le Dr *Coutance*. 1899, 1 vol. gr. in-8 de 200 pages....................... **3 fr. 50.**

Nouveaux Éléments de Pathologie médicale, par *A. Laveran*, membre de l'Académie des sciences et de l'Académie de médecine, et *J. Teissier*, professeur à la Faculté de médecine de Lyon. 4e *édition*. 1894, 2 vol. in-8 de 1864 pages, avec 125 figures..... **22 fr.**

Aide-mémoire de Pathologie interne, par le professeur *Paul Lefort*. 7e *édition*, 1908, 3 vol. in-18 de 853 pages, cart...... **9 fr.**
Le même en 1 volume relié maroquin souple, tête dorée... **10 fr.**

Tableaux synoptiques de Pathologie interne, par le Dr *Villeroy*. 2e *édition*. 1899, 1 vol. gr. in-8 de 208 pages, cart.......... **5 fr.**

Traité de Diagnostic médical et de Sémiologie, par le Dr *Mayet*, professeur à la Faculté de Lyon. 1898, 2 vol. gr. in-8 de 1623 p., avec 191 fig... **24 fr.**

Atlas manuel de Diagnostic clinique, par les Drs *Jakob* et *Lételnne*. 3e *édition*. 1901, 1 vol. in-16 de 396 pages, avec 68 planches coloriées et 86 fig., relié en maroquin souple..................... **15 fr.**

Manuel de Sémiologie médicale, par le Dr *Palasne de Champeaux*, professeur à l'École de médecine de Toulon. 1905, 1 vol. in-18 de 360 pages, avec 66 figures, cartonné....................... **5 fr.**

Précis d'Auscultation, par le Dr *Coiffier*. 5e *édition*. 1902, 1 vol. in-18 de 210 pages, avec 95 fig. col., cart................... **5 fr.**

Aide-mémoire de Clinique médicale et de Diagnostic, par le professeur *P. Lefort*. 1895, 1 vol. in-18 de 34 pages, cart.... **3 fr.**

Tableaux synoptiques d'Exploration médicale des Organes, par le Dr *Champeaux*, 1902, 1 vol. gr. in-8 de 184 p........ **3 fr. 50**

Tableaux synoptiques de Diagnostic et de Sémiologie, par le Dr *Coutance*. 1898, 1 vol. gr. in-8 de 208 pages, cart.......... **5 fr.**

Tableaux synoptiques de Symptomatologie, par le Dr *M. Gautier*. 1900, 1 vol. gr. in-3 de 200 pages....................... **3 fr. 50**

Technique thérapeutique médicale, par les Drs *Gumprecht* et *Dauwe*. 1909, 1 vol. in-8 de 530 pages avec 205 figures.. **12 fr. 50**

Précis de Radiologie médicale, par le Dr *L. Kocher*. 1905, 1 vol. in-18 de 208 pages, avec 53 figures...................... **3 fr. 50**

Manuel pratique de Radiologie médicale, par le Dr *Dupont*. 1903, 1 vol. in-18 de 126 pages, avec figures, cart.......... **3 fr. 50**

Radioscopie et Radiographie cliniques, par le Dr *Régnier*. 1899, 1 vol. in-16 de 96 pages, avec 10 fig., cart............... **1 fr. 50**

Les Rayons de Rœntgen et le Diagnostic des maladies internes, par le Dr *Béclère*. 1901, 1 vol. in-16 de 96 p., avec fig., cart. **1 fr. 50**

Le Cyto-diagnostic, par le Dr *M. Labbé*, médecin des hôpitaux. 1903, 1 vol. in-16 de 96 pages, cartonné................... **1 fr. 50**

Les Oxydations de l'organisme, par *E. Enriquez*, médecin des hôpitaux, et *J.-A. Sicard*. 1902, 1 v. in-16 de 85 p., cart... **1 fr. 50**

Médicaments Microbiens. Bactériothérapie, Vaccination, Sérothérapie, par *Metchnikoff, Sacquepée, Remlinger, L. Martin, Vaillard*, etc. 1909, 1 vol. in-8 de 400 pages, cartonné.......................... 8 fr

Maladies microbiennes, par le Dr *Paul Carnot*, professeur agrégé à la Faculté de médecine de Paris. 1907, 1 vol. gr. in-8 de 232 pages, avec 54 figures..................... 4 fr.

Diagnostic et Traitement des Maladies infectieuses, par le Dr *J. Schmitt*, professeur à la Faculté de médecine de Nancy. 1902, 1 vol. in-16 de 504 pages, cartonné................ 6 fr.

Maladies communes à l'Homme et aux Animaux (*Tuberculose, Scrofule, Morve, Charbon, Tétanos*, etc.), par les Drs *Mosny, Bernard, Ménétrier, Gilbert, Vaillard*, etc. 1910, 1 vol. gr. in-8 de 428 pages, avec 29 figures..................... 10 fr.

Traité élémentaire de Parasitologie animale et végétale, appliquée à la médecine, par le Dr *Moniez*, professeur à la Faculté de médecine de Lille. 1896, 1 vol. in-8 de 680 pages, avec 111 fig.... 10 fr.

Fièvres éruptives, par les Drs *B. Auché, H. Surmont, L. Gaillard, R. Wurtz, A. Netter, L. Thoinot.* 1903, 1 vol. gr. in-8 de 258 pages, avec 8 figures..................... 4 fr.

Streptococcie, Staphylococcie, Pneumococcie, Colibacillose, par les Drs *F. Widal, J. Courmont, L. Landouzy* et *A. Gilbert.* 1906, 1 vol. gr. in-8 de 147 p., avec 18 fig................ 3 fr. 50

La Diphtérie, par *H. Barbier*, médecin des hôpitaux, et *Ullmann.* 1899, 1 vol. in-16 de 92 pages, avec 7 figures, cartonné...... 1 fr. 50

Grippe, Coqueluche, Oreillons, Diphtérie, par les Drs *A. Netter, Hudelo, Boulloche* et *Babonneix.* 1903, 1 vol. gr. in-8 de 172 pages, avec 6 figures..................... 3 fr. 50

Fièvre typhoïde, par les professeurs *P. Brouardel* et *L. Thoinot.* 1903, 1 vol. gr. in-8 de 240 pages, avec 10 figures.......... 4 fr.

Le Tétanos, par les Drs *Courmont* et *Doyon.* 1899, 1 vol. in-16 de 96 p., avec 4 figures, cartonné..................... 1 fr. 50

La Leucocytose en clinique, par les Drs *P.-E. Weil* et *A. Clerc.* Préface du Dr *Vaquez.* 1904, 1 vol. in-16 de 184 p., avec 4 pl. color. cart. 3 fr. 50

Maladies de la Nutrition. Goutte, Obésité, Diabète, par les Drs *H. Richardière* et *J.-A. Sicard*, médecins des hôpitaux de Paris. 1907, 1 vol. gr. in-8 de 378 p., avec 15 fig.............. 7 fr.

Le Diabète non compliqué, et son traitement, par le Dr *Lépine*, professeur à la Faculté de Lyon. 1905, 1 vol. in-16 cart.. 1 fr. 50

Les Complications du Diabète, par le Dr *Lépine.* 1906, 1 vol. in-16 de 96 pages, cartonné..................... 1 fr. 50

Les Hydrates de carbone, le diabète et son traitement, par le Dr *Pacy.* 1908, 1 vol. in-8 de 151 p., avec 8 pl.............. 5 fr.

La Contagion du Diabète, par le Dr *G. Hutinel.* 1905, 1 vol. in-16. 2 fr.

La Goutte et son traitement, par le Dr *E. Apert*, médecin des hôpitaux de Paris. 1903, 1 vol. in-16 de 96 pages, avec fig., cart. 1 fr. 50

La Goutte et les Rhumatismes, par les Drs *Réveillé-Parise* et *Carrière.* 1 vol. in-16 de 306 pages..................... 3 fr. 50

Les Albuminuries curables, par *J. Teissier*, professeur à la Faculté de Lyon. 1900, 1 vol. in-16 de 96 pages, cart............ 1 fr. 50

Rhumatismes et Pseudo-Rhumatismes, par *F. Widal, J. Teissier* et *G. Roque.* 1908, 1 vol. gr. in-8 de 161 pages avec 18 fig. 3 fr. 50

Le Rhumatisme articulaire aigu en bactériologie, par les Drs *Triboulet* et *Coyon.* 1900, 1 vol. in-16 de 96 pages, cart...... 1 fr. 50

Origine thyroïdienne du Rhumatisme chronique, par le Dr *P. Ménard.* 1908, gr. in-8, 74 p..................... 2 fr. 50

Cancer et Tuberculose, par *Claude.* 1900, in-16 cart.. 1 fr. 50

Les Maladies de l'Estomac et leur traitement, par le Dr *L. Bourget,* professeur à l'Université de Lausanne. 1907, 1 vol. in-8 de 300 pages, avec 11 figures et 12 planches noires et coloriées. **5 fr.**

Traité des Maladies de l'Estomac, par le Dr *Soupault,* médecin des hôpitaux de Paris 1906, 1 vol. gr. in-8 de 880 pages, avec 111 fig. noires et coloriées................................ **20 fr.**

Sémiologie et Thérapeutique des Maladies de l'Estomac, par le Dr *Frenkel,* professeur agrégé à la Faculté de médecine de Toulouse. 1900, 1 vol. in-16 de 560 pages et figures, cart..... **7 fr. 50**

Aide-mémoire des Maladies de l'Estomac, par le professeur *P. Lefert.* 1900, 1 vol. in-18 de 304 p., avec fig., cart. **3 fr.**

La Pratique des Maladies de l'Estomac et l'Appareil digestif, par le professeur *P. Lefert.* 1895, 1 vol. in-18 de 288 p., cart. **3 fr.**

Les Dilatations de l'Estomac, par *R. Gaultier,* ancien interne des hôpitaux de Paris. 1909, 1 vol. in-16 de 96 p., avec fig., cart... **1 fr. 50**

Pour lutter contre les Maladies de l'Estomac, par le Dr *Aubert.* 1902, 1 vol. in-16 de 95 pages, cart..................... **1 fr. 50**

La Radioscopie clinique de l'Estomac normal et pathologique, par les Drs *Cerné,* professeur à l'Ecole de médecine de Rouen, et *Delaforge.* 1906, 1 vol. in-16 de 96 p., avec 21 fig., cart.. **1 fr. 50**

La Gastrotomie, par le Dr *Braquehaye.* 1900, 1 v. in-16, cart. **1 fr. 50**

Maladies des Glandes salivaires et du Pancréas, par *P. Carnot,* professeur agrégé à la Faculté de Médecine de Paris 1908, 1 vol. gr. in-8 de 342 pages, avec 60 figures .... **7 fr.**

Les Maladies du Foie et leur traitement, par les Drs *M. Gurnier, Lereboullet, Herscher, Villaret, Lippmann, Chiray, Ribot, Jomier, P. Emile Weil, Paul Carnot.* Préface du Prof. *Gilbert.* 1910, 1 vol. in-8 de 708 pages avec 508 figures...................... **14 fr.**

Calculs des Voies biliaires et Pancréatites, par le Dr *R. Gaultier,* 1908, 1 vol. in-16 de 96 pages, avec 18 figures. Cartonné. **1 fr. 50**

Le Microbisme biliaire, par *Lippmann.* 1901, gr. in-8, 173 p. **4 fr.**

L'Auto-intoxication intestinale, par le Dr *A. Combe.* 1909, 1 vol. in-8 de 619 pages, avec figures,..................... **12 fr.**

Traitement de l'Entérite muco-membraneuse, par le Dr *A. Combe* (de Lausanne). 1908, 1 vol. in-18 de 334 p., avec 4 pl. col. **3 fr. 50**

Les Traitements des Entérites, par le Dr *Jouaust.* 1900, 1 vol. in-16 de 96 pages, cartonné .... **1 fr. 50**

Précis de Coprologie clinique. Guide pratique pour l'examen des Fèces, par le Dr *R. Gaultier.* Préface du prof. *A. Robin.* 1907, 1 vol. in-8 de 384 pages, avec 65 microphotographies........ **7 fr.**

Technique de l'exploration du tube digestif, par le Dr *R. Gaultier,* ancien interne des hôpitaux de Paris. 1905, 1 v. in-18 cart. **1 fr. 50**

Le Traitement de la Constipation, par le Dr *Froussard,* préface par le Dr *Soupault.* 1903, 1 vol. in-16 de 96 p., cart. **1 fr. 50**

Maladies de l'Intestin, par les Drs *Gaillard, Hutinel, Thiercelin* et *Guiart.* 1910, 1 vol. gr. in-8 de 525 p., avec 98 fig. **9 fr.**

Aide-Mémoire des Maladies de l'Intestin, par le prof. *P. Lefert.* 1901, 1 vol. in-18 de 285 p., cart. **3 fr.**

Diagnostic de l'Appendicite, par le Dr *M. Auvray,* prof. ag. à la Faculté de médecine de Paris. 1904, 1 v. in-16 de 96 p., cart. **1 fr. 50**

Les Déséquilibrés du Ventre, par le Dr *Monteuuis.* 1897, 1 vol. in-16. **3 fr. 50**

Abdominales méconnues, par le Dr *Monteuuis.* Préface du Dr *Huchard.* 1903, 1 vol. in-16 de 367 pages.... .... **3 fr. 50**

Sémiologie de l'appareil respiratoire, par le Dr *H. Barth*, médecin de l'hôpital Necker. 1908, 1 vol. gr. in-8 de 161 p., avec 98 fig. **4 fr.**

Sémiologie pratique des Poumons et de la Plèvre, par le Dr *Barbier*, médecin des hôpitaux de Paris. 1902, 1 vol. in-16 de 252 pages, avec 29 figures noires et coloriées, cartonné...... **4 fr.**

Hygiène des Poumons, par le Dr *Schrotter*. Préface du Dr *Huchard*. 1906, 1 vol. in-16 de 150 pages.......................... **2 fr.**

Aide-mémoire des maladies des Poumons et des Bronches, par *P. Lefert*. 1902, 1 vol. in-18 de 273 pages, cart............ **3 fr.**

La Pratique des maladies des Poumons et de l'Appareil respiratoire, par *P. Lefert*. 1894, 1 vol. in-18 de 283 p., cart... **3 fr.**

Pour lutter contre les maladies des Poumons, par le Dr *Aubert*. 1902, 1 vol. in-16 de 94 pages, cartonné................ **1 fr. 50**

La Lutte contre la Tuberculose, par *P. Brouardel*, professeur à la Faculté de médecine de Paris. 1901, 1 vol. in-18 de 208 p. **2 fr. 50**

Pour se défendre contre la Tuberculose pulmonaire, par le Dr *L. Chauvoln*. 1901, 1 vol. in-18 de 80 pages, cartonné. **1 fr. 50**

Les Rayons de Rœntgen et le diagnostic de la Tuberculose, par le Dr *Béclère*. 1899, 1 vol. in-16 de 96 pages, cart... **1 fr. 50**

Les Rayons de Rœntgen et le diagnostic des Affections thoraciques, par le Dr *Béclère*. 1901, 1 vol. in-16 de 96 p. cart. **1 fr. 50**

Sanatoriums et hôpitaux marins, par le Dr *P. Sagols*. 1902, gr. in-8, 148 pages, avec 12 figures.................... **3 fr. 50**

Diagnostic précoce de la Tuberculose pulmonaire, par de *Sousa Teixeira*. Préface de *A. Blanchard*. 1907, in-8....... **2 fr. 50**

Prophylaxie de la Tuberculose, par le Dr *P. Jousset*. 1907, 1 vol. in-18 de 172 pages.......................... **2 fr. 50**

Traitement de la Coqueluche, par le Dr *M. Roques*. 1903, 1 vol. in-18 de 215 pages........................... **2 fr.**

Le Rhume des Foins, par le Dr *Garel*, médecin des hôpitaux de Lyon. 1899; 1 vol. in-16 de 96 p. cartonné............. **1 fr. 50**

Précis d'Exploration clinique du Cœur et des vaisseaux, par les nouvelles méthodes, par le Dr *G. Brouardel*, médecin des hôpitaux de Paris. 1903, 1 vol. in-16 de 175 pages, avec 35 figures, cart. **3 fr.**

Maladies des Artères et de l'Aorte, par les Drs *H. Roger, A. Gouget* et *E. Boinet*. 1907, 1 vol. gr. in-8 de 472 p., avec 63 fig.... **8 fr.**

Hématologie et Cytologie cliniques, par le Dr *Lefas*, préparateur à la Faculté de médecine. Préface par *P. E. Launois*. 1901, 1 vol. in-18 de 198 pages, avec 5 planches coloriées, cartonné.......... **3 fr.**

Le Sang, par le Dr *M. Labbé*, 1 vol. in-16, cart.......... **1 fr. 50**

Aide-mémoire des Maladies du Cœur, par le professeur *P. Lefert*. 1901, 1 vol. in-18 de 285 pages, cartonné.................. **3 fr.**

La Pratique des Maladies du Cœur et de l'Appareil circulatoire, par le professeur *P. Lefert*. 1895, 1 vol. in-18, cart... **3 fr.**

Les Maladies du Cœur et leur traitement, par *H. Huchard*, de l'Académie de médecine. 1908, 1 vol. in-8................ **6 fr.**

Formes cliniques de l'Artériosclérose, par *H. Huchard*. 1909, gr. in-8.................................... **2 fr.**

Traité de l'Artériosclérose, par le Dr *Josué*, médecin des hôpitaux. 1909, 1 vol. in-8........................... **10 fr.**

L'Artériosclérose et son traitement, par le Dr *Gouget*, professeur agrégé à la Faculté de Paris. 1907, 1 vol. in-16 de 96 p., cart. **1 fr. 50**

Maladies du Cœur et Tuberculose, par le Dr *P. Teissier*. 1894, 1 vol. gr. in-8 de 326 pages...................... **7 fr.**

Archives des Maladies du Cœur, des Vaisseaux et du Sang, par le Dr *H. Vaquez*, professeur agrégé à la Faculté de Paris. Mensuel. Prix de l'abonnement: France, 15 fr. Etranger....... **17 fr.**

Précis de Médecine légale, par le Dr *Ch. Vibert*, médecin-expert près les tribunaux de la Seine. 7e *édition*. 1908, 1 vol. in-8 de 872 pages, avec 91 figures et 6 planches color.............. **10 fr.**

Précis de Médecine légale, par *V. Balthazard*, professeur agrégé à la Faculté de médecine de Paris. 1906, 1 vol. in-8 de 408 pages, avec 39 fig. et 2 planches coloriées, cartonné............... **8 fr.**

Atlas-Manuel de Médecine légale, par les Drs *Hoffmann* et *Vibert*. Préface par le prof. *Brouardel*. 1899, 1 vol. in-16 de 168 pages, avec 56 planches coloriées et 193 fig., relié................. **18 fr.**

Cours de Médecine légale de la Faculté de médecine de Paris, par le professeur *P. Brouardel*, doyen de la Faculté de médecine de Paris, membre de l'Institut. 1895-1906, 14 vol. in-8.... **127 fr. 50**

La Mort et la Mort subite. 1895, 1 vol. in-8 de 500 pages............... **9 fr.**
Les Asphyxies par les Gaz, les Vapeurs et les Anesthésiques. 1896, 1 vol. in-8 de 416 pages, avec figures et 8 planches .... **9 fr.**
La Pendaison, la Strangulation, la Suffocation et la Submersion. 1896, 1 vol. in-8 de 584 pages, avec 43 figures et planches .... **12 fr.**
L'Infanticide. 1897, 1 vol. in-8, 402 p., avec 2 pl. color. et fig....... **9 fr.**
Les Explosifs et les Explosions. 1897, 1 vol. in-8 de 272 p., avec 39 fig... **6 fr.**
La Responsabilité médicale, secret médical, déclaration de naissance, inhumations, expertises. 1898, 1 vol. in-8 de 456 pages................ **9 fr.**
L'Exercice de la médecine. 1899, 1 vol. in-8 de 564 pages............ **12 fr.**
Le Mariage au point de vue médico-légal. 1900, 1 vol. in-8 de 152 pages. **9 fr.**
L'Avortement. 1901, 1 vol. in-8 de 376 pages, avec fig............. **7 fr. 50**
Les Empoisonnements criminels et accidentels. 1902, 1 vol. in-8 de 538 p. **9 fr.**
Les Intoxications. 1904, 1 vol. in-8 de 516 pages............... **12 fr.**
Opium, Morphine et Cocaïne. 1906, 1 vol. in-8 de 158 pages......... **4 fr.**
Les Blessures et les Accidents du travail. 1906, 1 vol. in-8 de 694 p... **15 fr.**
Les Attentats aux Mœurs. 1909, 1 vol. in-8 de 300 p................ **5 fr.**

Aide-mémoire de Médecine légale, par le professeur *Paul Lefert*. 5e *édition*, 1903, 1 vol. in-18 de 282 pages, cart.......... **3 fr.**

Médecine légale, par le professeur *A. Tardieu*. 9 vol. in-8... **54 fr.**
L'Avortement. 1907, 1 vol. in-8 de 336 pages................... **5 fr.**
Les Blessures. 1879, 1 vol. in-8 de 480 p..................... **6 fr.**
L'Empoisonnement. 1875, 1 vol. in-8 de 1072 pages, avec 2 pl. et 52 fig. **14 fr.**
La Folie. 1880, 1 vol. in-8 de 619 pages....................... **7 fr.**
L'Identité et les vices de conformation des organes sexuels. 1874, in-8... **3 fr.**
L'Infanticide. 1888, 1 vol. in-8 de 372 p., 3 pl. col........... **6 fr.**
Les Maladies produites accidentellement. 1878, 1 vol. in-8 de 388 p... **4 fr.**
La Pendaison et la Strangulation. 1879, 1 vol. in-8 de 352 p. avec pl... **5 fr.**
Les Attentats aux Mœurs. 7e *édition*. 1878, 1 vol. in-8 de 301 p., avec 5 pl. **5 fr.**

Les Accidents du travail, par le Dr *Vibert*. 1906, 1 vol. in-8 de 716 pages........................ **10 fr.**

Les Accidents du travail, par *G. Brouardel*. 1908, in-16. **1 fr. 50**

Les Accidents du travail, par *A. Duchauffour*. 1906, 1 vol. in-16. **4 fr.**

Diagnostic des maladies simulées dans les accidents du travail, par le Dr *Chasigny*. 1906, 1 vol. in-8 de 512 pages............ **10 fr.**

L'Anthropologie criminelle, par *X. Francotte*. 1891, in-16. **3 fr. 50**

Les Irresponsables devant la justice, par *Rlant*. 1888, in-16. **3 fr. 50**

La Mort par inhibition, par *Visolu-Cornateano*. 1906, in-8. **3 fr. 50**

Les Signes de la mort, par le Dr *Bouchut*. 1883, 1 vol. in-18. **3 fr. 50**

Les Expertises médico-légales, par *Deroieux*. 1901, gr. in-8. **3 fr.**

Responsabilité des médecins, par *A. Fazembal*. 1903, in-8. **2 fr. 50**

Responsabilité des médecins, par *Mouzin-Lizys*. 1899, in-8. **2 fr. 50**

Traité de Jurisprudence médicale et pharmaceutique, par le Dr *Dubrac*. 2e *édition*. 1893, 1 vol. in-8 de 800 pages........ **12 fr.**

Précis de Thérapeutique, par lo Dr *H. Vaquez*, professeur agrégé à la Faculté de médecine de Paris, médecin de l'hôpital Saint-Antoine. 1907, 1 vol. in-8 do 492 pages, cart.... .... **10 fr.**

Traité élémentaire de Thérapeutique, de matière médicale et de pharmacologie, par le Dr *A. Manquat*, professeur agrégé à l'École du Val-de-Grâce. 5e *édition*. 1903, 2 vol. in-8 de 2315 pages. **24 fr.**

Guide et Formulaire de Thérapeutique générale et spéciale, par *V. Herzen*. 5e *édition*, 1909, 1 vol. in-18 de 876 pages, sur papier mince, relié maroquin souple, tête dorée............... **10 fr.**

Nouveau Formulaire magistral de Thérapeutique clinique et de Pharmacologie, par le Dr *C. Martin*. Préface du professeur *Grasset*. 4e *édition*, 1909, 1 vol. in-18 de 961 pages, sur papier mince. Relié maroquin souple, tête dorée................ **10 fr.**

Mémorial Thérapeutique, par *C. Daniel*. 1902, 1 vol. in-12, format portefeuille de 240 p. sur papier indien, couv. papier toile. **2 fr. 50**
Relié maroquin souple................................ **3 fr. 50**

Tableaux synoptiques de Thérapeutique, par le Dr *Durand*. 1899, 1 vol. gr. in-8 de 224 pages, cartonné................ **5 fr.**

Electrothérapie, par le Dr *Thomas Nogier*, professeur agrégé à la Faculté de médecine de Lyon. 1909, 1 vol. in-8 de 528 pages avec 251 fig., cart..................... **10 fr.**

Radiumthérapie. Instrumentation, technique, traitement des cancers, chéloïdes, nævi, lupus, prurits, névrodermites, eczémas, applications gynécologiques, par les Drs *L. Wickham* et *Degrais*. Préface du professeur *Fournier*. 1909, 1 vol. gr. in-8 de 350 pages avec 72 fig. et 20 pl. coloriées .... **18 fr.**

La Fulguration, sa valeur thérapeutique, par le Dr *Zimmern*. 1909, 1 vol. in-16 de 96 pages avec 8 fig., cart............ **1 fr. 50**

Formulaire électrothérapique du Praticien, par le Dr *Régnier*, 1899, 1 vol. in-18 de 255 pages, avec 34 figures, cart......... **3 fr.**

Ionothérapie Electrique, par les Drs *Delherm* et *Laquerrière*. 1908, 1 vol. in-16 de 96 pages, avec 11 figures, cartonné...... **1 fr. 50**

La Thérapeutique par les Agents physiques, par le Dr *Guimball*. 1900, 1 vol. gr. in-8 de 500 pages................. **10 fr.**

Radiothérapie et Photothérapie, par le Dr *L.-R. Régnier*, chef du laboratoire d'électrothérapie à l'hôpital de la Charité. 1902, 1 vol. in-16 de 92 pages, avec 10 figures, cart.............. **1 fr. 50**

La Mécanothérapie, par le Dr *Régnier*. 1900, 1 vol. in-16 de 102 pages, avec figures, cartonné......................... **1 fr. 50**

Manuel pratique de Massage, par le Dr *O. Berne*. 4e *édition*, 1908, 1 vol. in-18 de 414 pages, avec 152 figures.......... **5 fr.**

Kinésithérapie, Massage, Mobilisation, Gymnastique, par *Dagron*, *Ducroquet*, *Cautru*, *Bourcart*, etc. 1909, 1 vol. in-8 de 559 pages avec 356 figures, cartonné....................... **12 fr.**

Mécanothérapie, Rééducation, Méthode de Bier, Hydrothérapie, par *Fraikin*, *Constansoux*, *Delagénière*, *Pariset*, etc., 1906, 1 vol. in-8 de 400 pages avec 100 figures, cartonné.................. **8 fr.**

Le Massage thérapeutique de l'Abdomen, par le Dr *Salignat*. 1905, 1 vol. in-18 de 278 pages, avec 21 figures........... **3 fr. 50**

www.ingramcontent.com/pod-product-compliance
Lightning Source LLC
Chambersburg PA
CBHW052205270326
41931CB00011B/2230